카르마 종결자

카르마
종결자

태라 전난영 지음

지식공감

차례

카르마 종결자
정신의 명품화
별빛 네트워크

서문

오래전부터 나는 '내가 왜 이곳에 태어나서 존재하고 있나'라는 의문을 가져왔었다. 이 질문은 세상의 모든 철학자와 도인의 길을 걷고 있는 사람들이 자연스럽게 품게 되는 질문이며, 수천 년 동안 이어져 온 질문이다.

이 지구에 살고 있는 70억 인류의 목적은 다 다르다. 그들이 만들어 가는 길도 가지각색, 다른 색깔, 다른 인생들을 살고 있다. 각자 인생을 하나하나 바라보았을 때 소중하지 않은 인생은 없다. 내가 받은 이 육신을 가지고 어떻게 살아야 하는가는 한 번 정도 생각해보아야 하는 질문이 아닐까 한다. 그저 생활 속에 나를 던져두고 세월이 이끄는 대로, 주변 사람들이 이끄는 대로 살다 보면 어느날 문득 '내 인생이 있었나'라는 생각이 들게 될 것이다. 이때 비로소 나를 돌아보게 되는 시간을 갖게 된다. 인간은 삶이 안정적이고 풍요로울 때는 나를 돌아보지 않는다. 힘들고 괴로울 때 비로소 생각이라는 것을 하게 되고 스스로 자신을 돌아보게 된다.

인생을 단편적이고 좁게 보면 큰 그림이 보이지 않는다. 대부분의 사람들은 내 가정과 내가 속한 사회만을 인지하면서 살아간다. 하루하루 주어진 임무와 숙제를 하면서 진정한 나의 삶이 아닌, 가문을 위한 삶, 가족을 위한 삶, 그리고 누군가를 위한 삶을 살아가고 있다. 존재의의를 묻는다는 것 자체가 삶을 열심히 사는 분들에게는 비싼 사치일지도 모른다. 그러나 존재의의에 대한 되새김은 내가 가야 하는 인생의 방향과 목적을 정하고 그 길로 나아가기 위해 꼭 필요한 질문들이었고, 나답게 살기 위한 하나의 몸부림이었다.

숲속 안에 있으면 숲의 모양이 보이지 않고 그 가운데 숲에서 벌어지는 일들을 처리하면서 하루하루를 살게 된다. 나는 인류가 가야 할 전체 그림을 보고 싶었고, 또 그 방향성을 알고 싶었다. 큰 그림을 보려면 시간을 길게 늘여야 하고, 또 공간을 크게 늘려야 한다. 그래야만 전체 그림을 조금이라도 눈치 챌 수 있기 때문이다.

존재의 목적은 의식 레벨과 질량에 따라 제각각 다 다르다. 하나의 목적만 존재하는 것이 아니라 다양한 목적의 존재의의가 발생한다. 누군가는 가족을 위해 열심히 살아야 하는 사람도 있고, 누군가는 사회를 위해 살아야 하는 사람도 있으며, 누군가는 인류를 위해 살아야 하는 사람도 있다. 각자 주어진 질량과 그릇 크기에 따라서 삶의 목적과 의의는 달라진다. 각각의 형태장 크기에 따라 그에게 주어진 영혼의 질량과 급수만큼 이 세상을 열심히 살다 가면 된다.

우리는 과거를 정리하고 미래를 밝히며 현재를 살고 있다. 과거는 내 인생의 흔적이 되고, 미래는 내가 만들어 갈 길이 된다. 이러한 정보들이 모여 의식의 길을 만든다. 그러나 우리를 가로막고 있는 낡은 관념들은 시간을 지체시키고, 의식을 과거로 끌어당기며, 미래로 나아가는 길에 장애물이 되어 우리의 길을 막고 있다. '과연 이것이 무엇일까? 이러한 난관을 어떻게 헤쳐 나가야 할까?'라는 물음이 생길 수밖에 없다. 인생을 단 한 번의 도박 같은 삶이 아닌, 영혼의 여행처럼 수많은 전생을 살아오고 있다는 것을 전제하지 않으면, 현재 봉착해 있는 문제를 절대 풀 수 없음을 알게 되었다. 전생으로부터 이어져 온 에너지 뭉침이 가문의 줄을 타고 내려와 그것이 현재 나의 환경을 만들고 있는 것, 이것이 바로 카르마이고, 카르마는 나만의 것이 아닌 우리 모두의 것이라는 점이다.

카르마란, 가문 대대로 이어온 업이자 숙제 같은 것이다. 나무의 줄기처럼 대를 이어가며 업을 전수하고 기질을 전수하면서 모순과 장점 또한 전수한다.

인간이 자식을 생산하는 이유는 카르마적 대물림을 위한 것이다. 동물에게는 유전자의 개체존속 프로그램이 작동 중이라면, 인간에게는 여기에 전생으로부터 이어져 온 카르마적 빚 청산과 더불어 복잡한 의식적 프로그램이 더해져 있다.

의식이 성장하여 완성에 이르면 더이상 자식을 생산하지 않으려 한다. 선진국으로 갈수록 인구수가 줄고, 후진국으로 갈수록 인구수가 늘어나는 까닭은 이러한 이유 때문이다. 의식 수준이 완성에 다다르면 생산의 욕구가 사라지고, 카르마적 대물림을 이어갈 필요가 없어진다. 인구가 더이상 늘어나지 않는 인구절벽이 왔다는 것은 인류가 어른으로 다 성장했다는 뜻이기도 하다. 우리 신체도 성장할 때는 체세포 분열을 하지만, 성장이 끝난 이후에는 세포 생산이 아닌 세포 유지 관리 차원으로 넘어간다. 인류문명도 마찬가지다. 성장이 다 끝나고 나면 분배하면서 환경을 유지·발전하려는 흐름으로 나아간다. 산업화로 성장이 끝나고 나면 복지를 통해 평준화를 이루고, 이 과정이 끝나고 나면 문명의 정체가 시작되면서 낡은 관념을 부수고 새로운 관념을 도입하려는 시도가 나온다. 그리고 이 과정에서 전쟁의 흐름이 발생한다. 그 가운데 인류는 한 단계 의식의 업그레이드를 이룬다.

이러한 인류문명의 과정을 간단하게 표현하면, 창조-유지-파괴의 순으로 인류는 진화·발전한다. 작은 세포 차원에서도 이러한 흐름이 이어지고, 가장 큰 은하 차원에서도 동일한 방식으로 이루어진다. 가장 큰 것과 가장 작은 것은 같은 메커니즘으로 움직이기 때문이다.

나무가 성장하듯, 인류도 진화 발전한다. 나무도 성장하려는 방향성이 있고, 또 과일이라는 결과물이 있듯이, 인간도 나아가려는 방향성이 있다. 또 그 결과물을 보기 위해 자손을 잇고, 내가 풀지 못한 카르마는 자식에게 입식시켜 가문의 뿌리를 이어가려 한다. 이 세상에 나 혼자 동떨어져 사는 것도 아니고, 우리는 사람과 사람이 엮여 인생을 살고 있다. 이러한 인연의 고리는 어떻게 이어지고 또 어떤 영향력을 주고받는지에 대한 메커니즘도 반드시 존재한다.

카르마 종결자

이 책에서 주로 다루는 주제는 카르마와 인연이다. 높은 지위에 있든, 낮은 지위에 있든, 부자이든, 가난한 자든, 위에서 아래까지 모든 인간을 관통할 수 있는 주제가 바로 카르마이다. 인간으로 태어난 이상 그 누구도 벗어날 수 없는 업의 고리이며, 카르마의 고리는 인연의 씨줄 날줄로 엮여진다. 카르마와 인연, 인간사는 모두 여기에서 발생한다. 이 두 가지가 인생의 중요한 핵심 포인트이기 때문이다.

나는 의식의 길을 만들어 가는 사람이다. 인류의 진화 방향에 맞추어 새 시대를 열어가는 새로운 의식의 길을 만들어 가려 한다. 그러기 위해서는 과거 우리를 묶고 있던 카르마의 고리를 정리하고, 인류가 만들어온 길을 살펴 미래의 방향성을 정해야 한다. 우리들은 과거를 살아온 분들의 희생을 거름 삼아 지금(현재) 시대를 살고 있으며, 미래 후손들이 살 환경을 구축하는 중이다.

내가 살다 간 흔적은 후손들의 환경이 된다. 인류는 지금 업그레이드 중이다. 후손들을 위한 새로운 환경으로 업그레이드를 준비하는 중이며, 인류라는 하늘새가 알에서 깨어나는 중이다. 세상을 깨고 나오는 것은 고통이 수반된다. 고통은 성장의 에너지이다.

이 책의 독자는 명확하다. 낡은 관념의 틀을 깨고 나오려는 신인류 의식을 가진 사람들이 이 책에 끌릴 것이며, 스스로 자신이 이 책의 주인공인지 아닌지를 알 수 있다. 자신의 인생을 불살라 인류를 위해서 아낌없이 살다 갈 카르마 종결자들이 바로 이 책의 주인공들이다.

내가 연구한 역사와 내가 연구한 인간을 토대로 나는 나의 이념과 사상을 만들었다. 나의 이념은 카르마 종결자, 정신의 명품화, 별빛 네트워크이다. 이렇게 세 가지 이념 속에 내가 가고자 하는 목적지와 방향성이 들어있고, 또 이렇게 살려고 노력해 왔으며, 앞으로도 이렇게 살고자 한다.

길을 만드는 사람은 힘든 여정을 간다. 물론 그 과정에 길을 잘못 들어 고생할 수도 있고 과오도 있을 수 있겠지만, 자연법이라는 나침판을 지표로 삼아 바른길을 찾아 나가려 한다. 누군가 만든 하나의 길을 두 번째 사람, 세 번째 사람이 걷다 보면 길이 생기고, 나중에는 더 큰 길이 만들어진다는 것을 안다.

의식의 길을 만들어 가는 것은 쉬운 일은 아니다. 수많은 시행착오를 통해 만들어 가는 길이기 때문이다.

이 책은 10여 년 동안 내가 만든 의식의 길을 따라와 준 분들께 그 고마움을 돌린다. 그분들 덕택에 꾸준히 책을 쓸 수 있었고, 세상의 관찰자로, 세상을 연구하는 계기를 만들어 주었기 때문이다. 또한 나와 직간접적으로 인연되었던 분들에게도 그 고마움을 돌린다.

— 2022년 태라 전난영

카르마 종결자

Chapter 01.

카르마 종결자

1
카르마란 무엇입니까?

　카르마(KARMA)란, 업(業)입니다. **가문 대대로 쌓여온 모순덩어리이자 에너지 꼬임**을 뜻합니다. 처음 한 행위는 반복되고 반복된 것은 습관이 되며 습관은 그대로 후대에 이어져 현생의 업(業)을 만듭니다.

　우리가 하고 있는 업(業)은 가문으로부터 이어져 온 것이며, 이 업을 통해서 우리는 각자 깨달음을 얻고 있습니다. 그래서 직업(職業)이란 말에 업이라는 말을 쓰는 것입니다. 업이란 자신에게 할당된 숙제이자, 이번 생에 부여된 과업입니다.

　자식은 부모의 업을 이어받는 경우가 많습니다. 어릴 때부터 보고 자랐기 때문에 자연스럽게 그 업을 이어받는 것이며, 자신이 가장 잘하는 것이 그 업이기 때문에 가문의 업이 이어지게 됩니다. 그래서 의사 집안에 의사 나오고, 교육자 집안에 교육자 나는 것이며, 무당집에 무당 나오는 것입니다. 이것은 모두 가문으로부터 이어진 카르마, 즉 업입니다.

직업은 생계를 위한 가문의 특기이자 장점으로 나타나지만, 그 안을 자세히 살펴보면 내가 배워야 할 공부와 내가 만나야 할 인연이 세팅되어 있음을 알게 됩니다. 비단 생계를 위한 방편이 업이 아니라, 그 속에 깊이 들어있는 공부를 알아야 그 업을 마무리 짓고 한층 업그레이드된 상태로 나아갈 수 있습니다.

부모는 자식에게 무의식중에 이 카르마를 입식시킵니다. 말로, 행위로 자식에게 보여주며, 자식에게도 그대로 살라 합니다. 즉 카르마 복제입니다. 좋은 것이든 나쁜 것이든 가문으로부터 이어져 오는 업 덩어리를 그대로 입식 받고, 내가 해결하지 못하면 또다시 자식을 낳아서 그 업 덩어리를 전달합니다. 이렇게 가문 줄이 형성되고 한번 꼬인 에너지는 계속 모순을 안은 채, 후대로 전달됩니다. **"내 대에서 풀지 못했으니 네가 반드시 풀어라"**라는 가문의 메시지인 것입니다.

카르마의 흔적은 '업(業)'과 '인연(因緣)'으로 나타납니다. 업을 하면서 인연을 만나고, 그 인연들을 통해서 삶의 지혜와 깨달음을 얻습니다. 단지 생계를 위한 업만 한다면 개미나 일벌처럼 같은 행동을 죽을 때까지 반복하는 것과 같습니다. 이러한 삶은 동물의 삶과 다르지 않습니다. 인간은 그 안에서 대자연의 메커니즘과 삶의 지혜를 깨달아 내 후손대에는 뭉친 카르마 꼬임을 넘겨주지 말아야 합니다.

나에게 할당된 숙제는 내 대에서 풀어야 합니다. 내가 풀지 못하면 자식을 낳아 자동으로 이어집니다. 그리고 또 이러한 사람들은 무의식중에 자식을 낳고 싶어합니다. 내가 이 생에 다 풀지 못했으니 나의 숙제를 이어갈 자식에게 대물림하려는 무의식의 반응입니다. 이것은 우리 인간에게 심어진 프로그래밍이기도 합니다.

우리는 가문의 모순과 습관을 그대로 이어받습니다. 좋은 습관이든 안 좋은 습관이든 부모의 유무형의 재산을 무의식적으로 물려받고 부모를 복제하며 삽니다. 부자는 부자의 습관을 물려받고 가난한 자는 가난한 자의 습관을 물려받습니다. 스스로 인지하고 고치지 않는 한 그러한 습관은 반복되고, 부모와 같은 선택, 부모와 같은 분별을 하면서 부모의 삶을 그대로 복제하게 됩니다. 이렇게 가문의 가풍과 가문의 습관이 이어지는 것입니다.

물론 좋은 습관과 가풍은 이어갈 필요가 있습니다. 계속 이어오던 가문의 업을 어느 순간 멈추고자 할 때, 이때가 바로 가문이 꽃을 피울 때이고, 또 가문이 한 단계 상승할 때입니다. 자손 중 누군가는 카르마의 꼬임을 풀고 가문을 업그레이드시키는 상승의 임무가 주어집니다. 이러한 임무가 주어진 이를 우리는 **카르마 종결자**라 부릅니다.

서양 연금술 상징 중에
우로보로스(Ouroboros)라는 그림이 있습니다.
이 그림은 자신의 꼬리를 물고 있는 뱀 상징입니다.
처음과 마지막을 잇는다는 뜻이며,
이 상징은 카르마 종결자를 나타냅니다.
처음 문을 연 자가 마지막 문을 닫습니다.
그래서 시조는 마지막에 다시 환생합니다.

2
카르마 종결자란 무엇입니까?

문을 연 자, 문을 닫습니다. 알파와 오메가는 원을 만들며, 원의 시작과 끝은 하나로 관통합니다. 우로보로스 뱀이 자기 꼬리를 물고 있는 형태처럼, 처음과 마지막을 연결하는 상징은 카르마 종결자의 상징입니다.

카르마 종결자는 가문의 시조이자 가문의 마지막을 정리하는 사람들입니다. 태초에 원인을 제공하였고, 마지막 시기에 그 결과를 거둬들이는 자들입니다. 모든 행위에는 결괏값이 있습니다. 내가 낸 파장은 결국 나에게 되돌아오게 되어 있습니다. 잘한 일이든, 못한 일이든, 그 결괏값은 항상 존재합니다. 내가 받지 않으면 내 자손이 받게 되어 있습니다.

카르마 종결자는 이번 생에 찬란한 꽃을 피우고 갈 사람들입니다. 대를 잇기 위해 나를 희생하는 것이 아니라 내 대에서 모든 빚을 청산하고, 내 대에서 자신의 에너지를 인류를 위해 찬란하게 불태우고 갈 자들입니다.

　인류의 희생을 먹고 자란 우리들은 인류발전과 진화를 위해 내 인생을 불살라야 합니다. 현재를 살고 있는 우리들은 조상의 얼과 인류의 희생을 먹고 자란 마지막 후손들이기 때문입니다. 마지막 후손들은 다시 새 시대의 시조가 됩니다.

　지금의 시대는 카르마를 정리하고 새로운 세상을 열어야 하는 시대이며, 각 가문이 마지막 꽃을 피우고 열매를 맺는 시기입니다. 이 시기를 살고 있는 우리는 카르마를 마지막으로 종결하는 종결자들입니다.

　카르마 종결자는 가문의 꽃이며 마지막 결실입니다. 각 가문의 모순점을 정리하고 해결하여 새로운 시초를 만들어 가는 사람들입니다. 꼬인 모순을 풀어내고, 잘못된 습관을 바로잡아 새롭게 재탄생하는 사람들입니다. 카르마 종결자는 스스로 자각하고 스스로 깨닫는 사람만이 할 수 있는 일입니다. 가족 중에서도 먼저 깨닫는 자, 먼저 아는 자, 생각이 있는 자가 가족의 중심축을 만들고 그 축을 움직입니다.

　카르마 종결자는 회전의 방향을 틀면서 스스로 변화를 시작합니다.
　원의 시작점에서 확장하다가 카르마 종결자가 나타나면 기존 관성이 움직이는 방향에서 방향을 바꾸어 새로운 환경으로 진입합니다. 변화를 이끄는 사람이 카르마 종결자이며, 관념의 틀을 깨는 자가 카르마 종결자입니다.

껍질을 벗고 허물을 벗듯 새로운 부활의 코드를 가지고 있습니다. 카르마 종결자는 모순을 종식하고 새로운 법을 만들 수 있는 사람들입니다. 모순을 바로 잡으면 바른 분별력이 생기고, 바른 분별력이 생기면 사람을 이끌 수 있습니다.

카르마 종결자는 가문의 정신을 새롭게 세우는 시조입니다. 우리의 이념과 사상이 아래 후손까지 빛날 수 있게 큰 생각, 큰 이념을 가지십시오. 깨어있는 자만이 바꿀 수 있고, 용기 있는 자만이 시작할 수 있습니다.

카르마 종결자는 가문의 진행 방향을 바꾸고, 새로운 진화의 방향으로 움직이기 때문에 가문의 이단아, 가문의 변절자, 가문의 사자 등으로 오해받고 평가받습니다. 그러나 이들은 가문의 오랜 관습을 끊고 새 시대로 방향을 선회하는 가문의 리더들입니다. 따라서 카르마 종결자들은 가문이 모두 성장하고 난 뒤, 가문이 파탄 나거나 무너지는 시기에 태어납니다. 가문이 함께 힘을 모아 성장할 때 카르마 종결자는 별로 할 일이 없습니다. 카르마 종결자는 가문의 모순점을 드러내는 사자요, 가문의 관성을 바꾸는 힘을 가진 자들입니다. 이들은 태평성대에는 별로 힘을 발휘하지 못하지만, 시대적 변화의 시기에 꼭 필요한 존재가 됩니다.

지금의 시대는 모든 성장을 마치고, 새로운 시대로의 진입을 기다리는 시간이 되었습니다. 카르마 종결자들이 하나둘 나와서 힘을 써야 하는 시간으로 접어들었습니다.

새 시대는 통합의 시대입니다. 새 시대에는 새로운 생각, 새로운 기술, 새로운 환경이 펼쳐져야 합니다. 오랜 시간 쌓아 올린 에너지 질량을 통합하여 새로운 시스템을 창조하고 있습니다. 지금 시대를 살고 있는 당신들은 최고의 지식과 지혜를 담은 완숙자이자, 새 시대를 여는 시조입니다.

시조는 외롭습니다. 없는 길을 만들어 가기 때문에 인생이 험난합니다. 그러나 길을 만들 사람은 오직 당신밖에 없기에 당신이 만들어 가는 것입니다.

시조는 대대손손 그 정신을 물려줄 수 있습니다. 힘들겠지만 조금 더 아는 당신이, 조금 더 깨어있는 당신이 먼저 변하십시오. 당신이 변하면 주변 사람들이 변합니다. 존중을 받게 만드는 것도, 사랑을 받게 만드는 것도, 귀하게 만드는 것도 모두 당신의 말과 행동으로부터 나온다는 것을 명심하십시오.

3
우리가 태어난 목적은 무엇입니까?

우리는 태어나려고 태어난 것이 아니라 태어나진 것입니다. 보이지 않는 수증기가 모여 구름이 되고, 구름 속 물방울이 응축되어 무거워지면 비가 되어 떨어집니다. 마찬가지로 영혼 질량이 무거워지면 비가 되어 떨어지듯, 물질 지구로 영혼이 떨어지는 것입니다. 가벼운 것은 위로 뜨고 무거운 것은 아래로 가라앉습니다. 과일도 익으면 땅으로 떨어집니다. 이것은 지구에 있는 모든 것들에게 적용되는 법칙입니다.

이 지구란 행성은 신들의 3차원 물질 감옥행성입니다. 우리 육체는 신들에게 할당된 1인 감옥방이고, 가족은 감옥방을 함께 쓰는 카르마 동료들이며, 비슷한 죄명을 가지고 있습니다. 영혼이 육체를 입는 즉시 1차 감옥이 형성되고, 인연에 의해 2차 감옥이 형성됩니다. 우리는 모두 '지구탈출프로젝트'에 엮여 있습니다.

지구는 겹겹이 이어진 카르마 철장으로 둘러쳐져 있고, 신들은 카르마가 해소될 때까지 계속해서 지구에 당겨져 들어옵니다. 무거워진 영혼 신은 계속해서 지구에 환생을 거듭하고, 가벼워질수록 환생을 마무리합니다.

이 지구는 혼자 탈출할 수 있는 곳이 아니라 카르마 철장이 거두어질 때 함께 해탈할 수 있는 곳입니다. 즉, 혼자서는 절대 천국에 갈 수 없는 구조입니다. 성인들이 계속해서 화신하는 이유는 이것 때문입니다.

인류 의식이 상승해야 카르마 해탈의 문이 열리고, 그때 비로소 영혼의 원래 위치인 신의 자리를 회복할 수 있기 때문입니다. 그래서 이 지구는 감옥환경에 맞게 세팅이 되어 있는 것입니다. 감옥에서 진정한 자유는 주어지지 않습니다. 진정한 자유는 감옥이라는 카르마 철장이 거두어져야 비로소 진정한 자유를 찾을 수 있는 것입니다.

카르마 종결자들이 점점 많아질수록 지구는 감옥행성의 역할이 끝나갑니다. 감옥행성의 역할이 끝날 때 우주로 향하는 문의 열리고, 인간 육신의 몸을 입고 우주를 여행할 날이 올 것입니다.

우리의 육체는 영혼신이 타는 자동차과 같습니다. 영혼신은 육체라는 자동차를 타서 육신을 운행합니다.

영혼이 인간의 육체에 들어오는 것은 우리가 아침에 눈을 떴을 때와 유사합니다. 의식이 육체에 들어와 육체 속에서 생각하고 육체를 움직이며 삽니다. 밤에 잠이 드는 것은 육체의식이 죽고 영혼이 활동하는 시간입니다. 그래서 우리는 매일 밤 죽고, 아침에 다시 재탄생합니다. 이것은 우리 육신이 죽고 다시 환생하는 메커니즘의 24시간 버전입니다.

영혼 상태에서는 시간이란 개념이 없습니다. 육체를 입는 즉시 시간이라는 것이 흘러가게 됩니다. 영혼 입장에서는 모든 움직임이 느려지고 모든 행동이 더뎌지는 것처럼 느껴집니다. 즉 영혼이 시공간에 제약을 받게 됩니다. 순간의 이동도 되지 않고 생각한 것도 물질화가 더딥니다. 이렇게 시간을 늘려놓은 곳에 우리 영혼이 들어오는 것입니다.

영혼 입장에서는 지구 시간이 너무 더디고 너무 느립니다. 모든 움직임이 느리기 때문에 인간은 계속해서 시간을 단축할 수 있는 물질들을 창조하기 시작합니다. 그래서 차가 나오고, 비행기가 나왔으며, 인터넷이라는 환경을 구축할 수 있었던 것입니다.

문명은 우리 안의 신이 만들어 가는 세상입니다. 조금 더 빠르고 조금 더 편리하게 만들어 가고 있습니다. 이러한 환경을 만든다는 것은 신이 활동할 수 있는 환경을 만들어 가고 있는 과정들입니다. 앞으로 신들이 빛의 지구에서 활동을 해야 하기 때문에 신이 움직일 수 있는 환경으로 변모해 가고 있는 중입니다.

우리는 문명의 진화를 목적으로 오늘보다 더 나은 내일을 위해 살고 있습니다. 그리고 신들이 살 수 있는 환경을 만들어 가는 것이 우리의 목표이며, 더 나아가 미래에 내가 활동할 환경을 현재에 만들고 있는 중입니다.

우리가 지구에 태어난 이유는 해결되지 못한 카르마를 종결시키기 위해 계속해서 환생하는 것이며, 완전에 이를 때까지 이 과정은 지속될 것입니다. 우리는 과거로부터 이어지는 모순점을 현재라는 시간 속에서 해결하고 있습니다. 끊임없이 바꾸고 진화하면서 성장·발전합니다. 몸소 그 과정을 체험하고 느끼며, 이를 통해 영혼이 한층 성장하고 있는 것입니다. 완숙의 단계에 이를 때까지 우리는 못다 끝낸 숙제를 마치고자 지구에 환생하는 것입니다.

환생하는 것조차 내가 태어나고 싶다고 쉽게 태어날 수 있는 것은 아닙니다. 한번 육신을 받으려면 오랜 시간을 기다려야 하고 시와 때를 맞추어야 합니다. 영혼이 활동할 수 있는 시점에 맞추어 해와 달, 그리고 별들이 정교하게 세팅될 때 그 시간에 영혼 문이 열리고 지구라는 시간 속에 당겨져 들어오게 됩니다. 힘들게 육체를 받은 이상, 우리는 한정된 시간에 한정된 육체를 가지고 의미 있게 시간을 잘 활용해야 합니다.

잊지 마십시오, 당신이 육체를 받은 것은 오랜 시간에 걸쳐 힘들게 받은 것이고 힘들게 태어났다는 것을….

지금 이 순간 현재의 시간에 살고 있다는 것에 감사하십시오. 영혼의 묵은 때를 씻을 수 있는 유일한 시간이 당신에게 주어진 것이기 때문입니다. 영혼 질량을 가볍게 할 수 있는 기회가 주어졌음에 감사하고, 당신에게 주어진 시간을 소중히 생각하십시오.

4

시간이란 무엇입니까?

시간이란 회전체의 원입니다. 과거 현재 미래로 흘러가기 때문에 시간이 직선이라 생각하겠지만 시간은 원입니다. 너무나도 큰 원이 회전하기 때문에 직선이라 느끼는 것입니다.

원을 한 바퀴 돌면 다음 단계의 원이 또 돌고 돌아 점점 원뿔 모양을 갖추어 갑니다. 한번 해본 일은 시간이 단축됩니다. 그래서 위로 올라갈수록 원의 크기가 작아지는 것입니다. 원의 시작점에서 한 바퀴 돌아 최초 시작점에 가까이 오면 이때 차원 업그레이드를 해야

시간의 굴레에 갇히지 않습니다. 한 차원 업그레이드가 되지 않으면 시간의 굴레에 갇혀 같은 행동, 같은 일을 계속해서 반복하는 카르마 수레바퀴와 같은 굴레가 형성됩니다. 따라서 원의 한 바퀴를 돌았다면 우리는 의식을 상승시켜 새로운 차원으로 접어들어야만

시간 속에서 진화를 이뤄갈 수 있습니다.

신들의 시간과 인간의 시간은 다릅니다. 신들의 시간은 시공간을 뛰어넘으며 시간의 개념 자체가 존재하지 않는 삼각뿔 꼭짓점의 지점에 신이 정좌합니다.

피라미드 꼭짓점에 신의 눈이 있는 상징 이미지는 신을 가장 잘 표현하고 있습니다.

시간은 하위차원으로 갈수록 시간이 느려지고, 신의 차원에 근접할수록 빨라집니다. 신의 시간은 눈 깜짝할 사이지만 인간의 시간은 그 시간에 3대가 흘러갑니다. 그래서 그 과정을 면밀히 살펴볼 수가 없습니다. 그 안에 발생하는 원인과 과정을 보기 위해 이 지구란 별이 세팅이 된 것이고, 우리는 시간을 길게 늘려 이 지구에서 원인과 결과를 연기하는 중입니다. 최초 이런 행동과 이런 움직임을 일으키면 어떤 형태의 결과가 발생하는지를 면밀히 살펴볼 수 있는 곳이 바로 지구입니다.

신들은 이런 지구를 세팅한 다음, 원인과 결과를 살펴보고 있습니다. 결과를 바꾸려면 최초 원인이 되는 것을 수정해 주어야 합니다. 최초 움직임을 일으킨 장본인들이 바로 신들이기도 합니다. 그래서 그들은 시작이자 마지막이요, 알파와 오메가입니다.

카르마 종결자

식물이 자라는 것을 보면 시간의 흐름을 볼 수 있습니다. 식물은 회전을 하면서 자랍니다. 즉 살아있는 모든 생명체는 회전하는 진동체입니다. 식물의 꽃도 줄기도 형태장의 크기에 따라서 회전하는 주기가 달라집니다.

마찬가지로 인간도 인생의 회전주기라는 것이 있습니다. 작게는 하루, 달의 주기인 1달, 태양의 주기인 1년, 목성의 주기인 12년, 토성의 주기인 30년, 천왕성의 주기인 84년이 있습니다.

하루 24시간 낮과 밤은 환생 주기의 24시간 버전입니다. 영혼 의식은 밤에 잠들 때 죽고, 아침에 깨어날 때 살아납니다. 하루 시간을 통해 우리는 환생의 주기를 연습하고 있습니다. 하루를 4등분하여 자는 시간 6시간, 상승하는 시간 6시간, 하강하는 시간 6시간, 그리고 정리 · 마무리하는 시간 6시간, 이렇게 24시간 동안 인생의 사이클을 반복합니다.

달의 주기는 여성성의 진동주기입니다. 7일간 자궁에 성을 만들고, 7일간의 상승기(꽃을 피우는 시기)를 맞이하며, 7일간의 하락기(열매를 맺는 시기)에 접어듭니다. 잉태가 되지 않으면 성을 부수고, 7일간의 마무리 청소를 합니다. 이렇게 4주씩 28일을 거칩니다.

태양의 주기는 지구 생명체의 진동주기입니다. 봄에 싹이 나와 나무가 성장하며, 여름에 꽃이 피고 열매를 맺으며 상승기를 달립니다. 가을에는 절정기에 맺은 열매가 떨어지고 하락기에 접어들며, 겨울에 잎이 다 떨어지면서 죽음을 맞이합니다. 이렇게 봄, 여름, 가을, 겨울 사계절을 지나면서 인생의 생로병사와 사이클을 주기적으로 보여 줍니다.

목성의 주기는 인간 운명의 반복 패턴 진동주기입니다. 3년간 준비하고, 3년간 상승하며, 3년간 하락기에 접어들고, 3년간 마무리를 합니다. 이렇게 12년 사이클이 돌아갑니다.

토성의 주기는 카르마 역경의 진동주기이며, 약 28~30년마다 인생의 큰 전환점이 찾아옵니다. 토성은 7년씩 4번의 사이클을 형성합니다. 천왕성의 주기는 인류 운명의 진동주기입니다. 21년마다 4번의 사이클을 형성합니다.

이렇듯 대자연의 시간 속에는 인간 운명과 영혼의 사이클을 볼 수 있는 코드가 담겨 있습니다. 이러한 진동패턴을 참고하여 인생을 계획하고 준비한다면 좀 더 지혜로운 삶을 살아갈 수 있을 것입니다.

카르마 종결자

5

영혼이 지구에 내려오는
이유는 무엇입니까?

인간이 지구에 내려온다는 것은 신이 육체를 입는 것입니다. 다르게 표현하자면 물체에 에너지가 스미듯, 육체라는 물질에 눈에 보이지 않는 영혼이 스미는 것입니다.

우리 영혼은 신의 분신들입니다. 빛의 파편이 신이고, 신의 분신이 영혼이며, 무거워진 영혼은 물방울이 떨어지듯 지구라는 행성에 당겨져 들어옵니다. 영혼이 지구라는 행성에 계속 당겨져 들어오는 이유는 카르마적 엮임에 묶여있기 때문입니다.

지구로 들어오는 영혼들은 모두 우주 모순을 발생시킨 시초이자 공동 책임을 떠안고 있는 채무공모자들입니다. 이것이 우리의 사명이 되어 지구로 자꾸 들어오게 되는 것입니다. 카르마적 엮임을 모두 풀 때까지 영혼은 계속해서 지구로 당겨져 들어오고 해결되지 않은 모순은 계속해서 영혼을 지구로 불러들입니다. 기억하십시오. 이 지구란 행성은 카르마 꼬임을 푸는 영혼 드라마의 세트장입니다.

이 지구는 체험의 장입니다. **신들이 시간을 늘려 인과의 관계를 보기 위해 설정된 공간입니다.** 이것은 아주 중요한 핵심 도(道)입니다. 신들 차원에서는 작은 몸짓에 지나지 않지만 물질 차원에서는 수많은 인과관계가 엮이면서 발생하는 사건들이기 때문입니다. 신들이 어떤 결과에 대한 원인과 과정을 알기 위해 시간을 길게 늘여 장면 장면을 보고 있는 것입니다.

예를 들어, 신들 차원에서 A신과 B신이 전쟁을 벌입니다. 그들은 수만 세월 전쟁을 벌이고 있는데, 왜 전쟁을 하고 있는지 그 이유를 알 수가 없습니다. 그저 조상들이 해왔던 것처럼 어떤 불편한 관계가 형성되었고 그것은 분리를 낳습니다. 그래서 그 원인과 최초 발단이 되는 과정을 다시 보고자 시간을 늘려 이곳에서 직접 그러한 과정들을 체험해 보기 위해 지구로 내려오는 것입니다.

지구라는 곳에서 현재라는 시간은 미래타임라인을 미세하게 조정할 수 있는 특권이 부여되어있습니다. 즉 과거로부터 내려오는 어떤 결과를 내가 깨닫고 인지하는 순간 미래를 바꿀 수 있기 때문입니다.

이 지구란 곳은 미래를 바꾸고 조정할 수 있는 '현재'라는 시간이 세팅된 장소입니다. 실제 육체라는 옷을 입고 연기하는 신(아신)과 이 신을 관리하는 가문의 조상신(사신), 그리고 전체를 감독하는 신(공신), 이렇게 3위 일체가 되어 카르마 엮임을 풀고 있는 것입니다.

이 카르마 엮임(가문의 모순) 때문에 영혼들이 계속해서 지구로 들어오는 것이며, 계속해서 윤회의 수레바퀴를 도는 것입니다.

6
윤회란 무엇입니까?

윤회란, "수레바퀴를 빙빙 돈다"라는 뜻입니다만, 일반적인 개념으로 풀이하자면 영혼이 다시 환생한다는 개념입니다. 쉽게 표현하면, 영혼이 돌고 도는 수레바퀴에 갇혀서 인간으로 다시 환생을 거듭한다는 뜻이기도 합니다. 카르마 꼬임을 해결하지 못하는 이상 우리는 계속해서 윤회의 수레바퀴를 돌 수밖에 없습니다. 계속된 카르마 모순을 해결하기 위해 영혼은 계속해서 지구로 윤회를 하게 됩니다. 영혼이 수레바퀴를 돌 듯, 이승과 저승을 오가면서 환생을 거듭하고 있는 것입니다.

윤회라는 것은 영혼이 시간의 굴레에 걸린 것과 같습니다. 늘려진 시간 속에 영혼은 움직임의 속도가 느려지면서 감옥과도 같은 느낌을 받습니다. 눈 깜짝할 사이에 이 별과 저 별을 이동할 수 있던 영혼이 탈것이 없으면 꼼짝없이 움직일 수 없는 신세가 되어 갇히는 것입니다. 이것이 지구 감옥의 메커니즘입니다. 즉 시간의 굴레 속에 영혼을 가두어 둔 것입니다. 턴테이블 위의 레코드판처럼 영혼은 시간의 디스크 판 위를 돌고 있습니다. 영혼이 탈출을 하려면 윗단의 디스크 판으로 넘어가 저 꼭대기에 신의 눈까지 의식이 상승 업그레이드되어야만 합니다. 그래야만 비로소 이 지구 감옥에서 탈출할 수 있는 것입니다. 시간의 디스크판을 돌 동안 영혼은 인간의 육신을 입은 채 깨달음의 성장을 가져야만 합니다. 그래야 다음 단계로 상승할 수 있고, 카르마의 굴레를 벗어나 다음 단계로 진입을 할 수가 있는 것입니다.

윤회란, 신의 은총이기도 합니다. 인생에 다시 한번 기회가 주어지는 것과 같습니다. 과거 시간으로 다시 돌아가 선택을 바꾸는 것처럼, 다시 한번 주어지는 인생에 큰 깨달음의 환경을 열어준 것이기 때문입니다. 물론 선택을 바꾸는 것은 쉽지 않습니다. 선택은 자신의 질량만큼 결정하는 것이기 때문입니다.

우리 영혼들은 각자가 그려야 할 그림이 있습니다. 밑그림은 그려져 있고 그 위에 채색은 인간의 몫입니다. 계속해서 비슷한 그림을 그리면서 질량이 좋은 그림을 완성해 가는 것과 비슷합니다. 한번 체험한 경험은 다음 경험이 올 때 세련되게 처리할 수 있고, 이러한 상황에 대해 충분히 공부가 끝났다면 다음 단계의 질량 있는 공부가 기다리고 있습니다.

카르마 종결자

인간 영혼은 영혼 질량에 따라 수천 년을 기다려 육신을 입는 영혼도 있고, 100년 안팎으로 다시 윤회하여 삶을 이어가는 영혼도 있습니다. 물론 윤회의 주기는 인간의 의식과 수명에 따라 달라집니다. 인간의 의식이 높을수록, 인간의 수명이 길수록 윤회 주기는 늘어나게 됩니다. 또한 트라우마가 클수록 환생은 늦어집니다. 영혼의 안정과 상처치유를 위해서입니다. 시간은 상처를 치유하는 가장 큰 약이기도 합니다.

또한 영혼의 역할에 따라 윤회 주기가 정해집니다. 특정 역할이 부여된 영혼은 시와 때에 맞추어 특정 역할을 해야 하는 시대적 요구와 맞물려서 태어납니다. 더불어 영혼의 그룹이 함께 환생해야 하는 때도 맞추어야 합니다. 환생은 그룹환생으로 묶입니다. 인연의 판이 동시대에 태어나 역할을 해야 하기 때문입니다. 이렇듯 영혼 환생은 정교한 메커니즘에 의해 돌아가는 우주 대자연의 예술입니다.

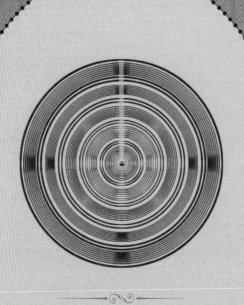

위 그림은 유대 카발라 모형도입니다.
정교한 디스크 판으로 만들어진
나무의 나이테와 같이,
영혼도 나이테를 두릅니다.

7
환생하는 이유는 무엇입니까?

영혼이 지구에 내려오는 방법 중 가장 기본적인 방법은 남녀가 합을 이루었을 때 영혼 통로가 열리면서 인연이 있는 영혼이 들어오는 것입니다. 영혼은 철저히 인과관계가 프로그램되어 내려옵니다.

남녀의 합이란 음양합일을 말합니다. 이 지구란 곳은 음과 양 이원성으로 나누어진 별이기 때문에 통로의 문을 열려면 음양합일을 이루어야 영적인 에너지 통로가 열립니다. 즉 음양합일이 될 때 천지 에너지 통로의 문이 열립니다. 아기 영혼은 이러한 방식으로 들어옵니다. 마찬가지로 무당들이 접신을 할 때도 이 방법을 활용합니다. 무(巫)라는 한자를 보면 하늘과 땅을 잇는 공(工)의 양쪽에 남녀 사람(人)이 위치합니다. 대체로 자기 안에 여성성과 남성성을 모두 품고 있는 사람일수록 영적인 통로가 열리기 쉽습니다.

이렇게 물질지구에 영혼이 계속해서 환생하는 이유는 영혼의 성장을 위해서입니다. 영혼이 인간 육체를 한번 입으면 100여 년을 사용합니다. 영혼이 다 성장하기에는 매우 짧은 시간입니다.

영혼은 나무처럼 영혼의 나이테를 두릅니다. 나무는 1년에 1번 나이테를 두르지만, 인간은 한 번의 환생에 하나의 나이테를 두릅니다. 자신의 인생이 이번 생 한 번으로 끝나는 것이 아니라 환생을 여러 번 반복하면서 카르마 꼬임을 바로 잡아갈수록 영혼은 가벼워지고 또 진화·발전하게 됩니다. 문명이 계속 진화·발전하듯 영혼도 환생을 거듭하면서 진화·발전하고 있는 중입니다.

무거워진 영혼을 맑힐 수 있는 기회가 부여된 곳이 바로 지구란 행성입니다. 우리의 영혼들은 한 번 생의 기억만 가지고 있는 것이 아니라, 수십 번, 수백 번을 환생했기에 수많은 전생을 가지고 있습니다. 시대적 신분이나 지위는 다를지라도 각자에게 맡겨진 미션은 비슷합니다. 다르게 표현하자면, 인생의 패턴은 비슷하지만 그 안에 채워지는 질량이나 내공은 확실히 달라집니다. 각자에게 부여된 인생 드라마를 엿보려면 역학이나 점성학을 통해 대략 윤곽을 잡을 수는 있습니다.

우리는 각자 인생의 사주를 받아옵니다. 사주란, 이번 생에 짜인 각본이자 전생으로부터 이어지는 대본을 받아오는 것입니다. 각본은 짜여 있고 드라마를 완성하는 것은 인간입니다. 자기 인생을 감독하고 연기하며 더 질량이 높은 영화를 만들어 가는 것과 같습니다.

사람마다 드라마는 모두 다르게 짜입니다. 내 인생은 왜 이럴까? 내 인생은 왜 이렇게 세팅됐지? 이런 의문이 드는 것은 자기의 인생을 이번 생 한 번뿐이라고 간주했기 때문입니다.

카르마 종결자

영혼의 그림은 큰 그림입니다. 우리의 한 번 인생은 영혼 그림의 모서리 일부분을 퍼즐로 맞춘 것뿐입니다. 현재의 삶은 전생 삶의 연속이며, 우리 영혼은 현생의 드라마뿐만이 아니라 전 인생의 드라마를 쓰고 있습니다. 수억 겁에 걸쳐 육체를 입고 벗고를 반복하면서 자기 영혼의 질량을 맑히고 있는 중입니다. 영혼의 질량을 맑힌다는 것은 각자에게 부여된 미션을 하나하나 잘 마치면 마칠수록 영혼이 가벼워짐을 의미합니다. 각자에게 부여된 미션 즉 카르마적 숙제란 카르마 꼬임을 푸는 숙제입니다. 인연과 인연의 관계가 꼬일수록, 감정적으로 엮일수록, 영혼의 질량은 무거워지고 가라앉으며 어두워집니다. 풀 수 없을 정도로 꼬인 카르마의 꼬임은 그 끈을 끊는 것도 방법입니다. 그래서 스님들이 천륜을 끊고 산사로 들어가는 이유입니다.

8
카르마 꼬임이란 무엇입니까?

영혼과 영혼이 도킹을 할 때 에너지적 어긋남 속에서 발생한 사건이 또 다른 오해를 불러일으키면서 감정체를 자극하고, 감정의 뭉침이 모순을 형성합니다. 내 안에 생겨난 감정의 뭉침이 외부로 향하면 사건·사고로 발현되고, 내부로 향하면 질병으로 발현됩니다. 나에게 다가오는 에너지 뭉침은 그때그때 잘 풀어내고 돌려내야 합니다. 잘 풀어내고 돌려낸다는 것은 사건의 본질 파악과 이해를 필요로 합니다. 이러한 깨달음의 정련 과정을 거치지 않으면 계속되는 감정의 증폭이 일어나고, 상대를 원망하며 또 다른 감정을 끌어들이고 이러한 에너지 뭉침 상태는 내 자식에게 그대로 복제됩니다. 불균형한 에너지가 자식에게 그대로 복제되는 것입니다. 이러한 에너지적 불균형은 특정 결핍을 형성합니다.

카르마 꼬임은 에너지적 결핍 속에서 발생합니다. 특정 부분에 결핍이 생기면 그 부분을 채우고자 과도한 욕심이 생깁니다. 내가 채

카르마 종결자

운 과도한 욕심은 누군가의 결핍을 만듭니다.

최초 결핍의 메커니즘에 대해 살펴보면 다음과 같습니다.

우주 빅뱅이 발생하고 영혼을 담았던 빛의 그릇이 깨지면서 영혼의 파편들이 우주 곳곳에 스미기 시작했습니다. 그 가운데 빛이 스미지 않은 곳에 결핍이 생겼고, 그 결핍 속에 우주 에너지가 뭉치고 굳어지면서 물질이라는 것을 형성하기 시작했습니다. 이것이 우리 우주가 탄생한 배경입니다. 즉 우리 우주는 결핍으로 만들어진 물질우주이고, 결핍은 또 다른 결핍을 낳게 되었습니다. 인간은 끊임없이 완전을 향해 나아가고 있으며 불안정한 것을 안정된 것으로 만들려는 속성을 가지고 있습니다. 즉 안정된 에너지는 불안정한 곳으로 흘러들어 가게 되어 있고, 이러한 속성은 에너지 평준화를 만들어 갑니다. 즉 우리 모두 하나였던 기억으로의 복귀이자 가장 완전한 것을 찾아가려는 영혼의 몸짓이기도 합니다.

물질우주가 형성되면서 음과 양이 나뉘게 되었고, 블랙홀과 화이트홀이 발생하게 됩니다. 블랙홀은 계속해서 에너지를 빨아들이고, 화이트홀은 계속해서 에너지를 방출하려 합니다. 이러한 음양 전자기적인 속성이 이 물질우주를 지배하는 가장 큰 메커니즘으로 작동합니다.

음적인 속성은 자기적 속성을 띠고, 양적인 속성은 전기적 속성을 띱니다. 이렇게 음양이 배치되면서 운행되기 시작하였습니다. 한쪽은 에너지를 발생시키고, 한쪽은 에너지를 정리 · 흡수하면서 모아

갑니다. 이것이 바로 태극의 모습이자 우주의 모습입니다.

최초 모순된 환경 속에서 탄생한 우주는 계속해서 완전을 향해 나아가려는 속성이 생기고 결핍을 보완하려는 속성이 생기게 됩니다. **카르마는 결핍된 환경 속에서 발생한 모순덩어리가 고착되어 업으로 발전하였고, 가문에서 가문으로 내려오는 숙제가 되어버린 것입니다.**

카르마를 해결하려면 모순을 발생시키는 환경을 바꾸어야 합니다. 최초 모순을 일으키는 환경을 바꾸어주어야 다시 반복되지 않습니다. 카르마를 해결하는 가장 빠른 길은 환경을 바꾸어주는 것입니다.

카르마 종결자

9

카르마는 가지고
태어나는 것인가요?

지구에 태어난다는 것 자체가 카르마가 있기 때문입니다. 태어나는 순간 카르마 환경이 주어집니다. 우리는 가문으로부터 이어져 온 육체적, 정신적, 영혼적 기억을 담고 이 지구에 태어납니다. 태어나서는 부모로부터 기질 성격 습관 등을 전수받습니다.

부모로부터 이어받은 생각과 환경은 나의 선택의 기준이 되고, 선택을 통해서 나의 미래가 만들어지는 것입니다. 우리가 인지하지 못하는 이상, 우리는 부모의 생각과 습관과 기질을 물려받아 부모처럼 생각하고 부모처럼 행동하며 부모를 그대로 복제하게 됩니다. 이것이 카르마를 물려받는 것입니다. 카르마를 물려받는다는 것은 업도 물려받는다는 뜻입니다. 과거에는 부모의 신분도 물려받고 부모의 계급도 그대로 물려받는 시대였습니다. 물론 지금의 시대도 알게 모르게 부모의 신분과 계급을 물려받습니다. 부모는 의식적이든 무의식적이든 자식에게 자신의 것들을 모두 내리려 합니다. 뒤에 오는 사람은 앞선 사람의 바통을 이어받듯, 먼저 온 자는 나중에 온 자에게 물려주려 합니다. 이것이 정신적, 물질적 유산이 됩니다.

부모의 카르마를 가장 많이 받는 사람은 첫째이고, 가장 적게 받는 사람은 막내입니다. 과거 가부장적 시대에는 아들이 부모의 정신적 물질적 상속자였습니다. 그래서 대를 잇는 것은 장남이 되었습니다. 반면 막내는 부모와의 빚고리가 가장 약한 관계이기 때문에 가문 카르마로부터 가장 자유로울 수 있었습니다.

가문은 하나의 나무에 비유할 수 있습니다. 뿌리에서부터 시작되어 꽃을 피우기까지 각 가문은 대를 이어가며 업을 전수하였습니다. 그 업이 가문의 종(宗)을 만드는 것입니다. 나무 몸통까지는 카르마 업을 그대로 이어가는 시기였고, 가지에서는 서로의 생각 차이가 벌어지게 되며, 꽃을 피울 때는 더욱 다양하게 분화되어 각자의 재능을 뽐냅니다.

카르마 종결의 시대가 되어서는 각 가문의 꽃을 피우는 시대이기에 너도나도 재능있는 사람들이 하나둘 사회로 나오게 되었고, 미디어의 발달로 서로를 바라볼 수 있는 세상이 되었습니다. 이렇게 각 가문의 재능은 꽃으로 피고 우리는 우리들이 만들어 낸 아름다운 나무를 바라볼 수 있는 것입니다.

카르마 종결자

지금 시대는 나무에 꽃과
열매를 맺는 시대입니다.
뿌리에서 싹이 나와 나무 기둥을 이루었고,
나무 기둥에서 여러 갈래의 가지를 뻗었고,
이제는 가지마다
꽃이 활짝 피기 시작합니다.

10
카르마 대물림이란
무엇입니까?

카르마는 가문에서 가문으로 대물림이 됩니다. 즉 부모에서 자식으로 전이가 되고 복제가 되는 것입니다. 이어달리기처럼 할아버지는 아버지에게, 아버지는 아들에게, 바통을 넘겨줍니다. 이렇게 대를 이어 업도 이어받고, 유산도 이어받고, 생각의 관념도 이어받고, 카르마도 이어받게 됩니다.

우리는 부모가 형성한 유·무형의 유산을 물려받습니다. 즉 물질적 정신적 유산을 모두 물려받게 됩니다. 유·무형의 유산을 물려받은 자식은 부모보다는 더 진화되고 발전된 삶을 살아가야 할 책무를 부여받습니다. 부모의 습관, 부모의 말과 행동을 복제하고 부모가 보여 준 대로 우리는 판단하고 선택합니다. 부모의 가치관과 생각의 틀에서 움직이고 행동합니다. 부모가 만들어 준 환경과 습관을 벗어나기란 매우 힘듭니다. 그래서 가난이 대물림되고 부가 대물림 되는 것입니다. 즉 부모가 물려준 가치관과 마인드 차이에서 부의 성패가 갈립니다. 따라서 부자가 되고자 하는 염원이 있는 자라면 부자의 생각과 습관 그리고 그들의 선택과 판단력까지 부자를 벤치마킹해야 합니다.

이러한 정신적, 물질적 대물림이 우리의 한계를 결정짓고 우리의 급수를 규정지어버립니다. 부모와 비슷한 생각, 비슷한 의식을 가지고 산다면 부모의 급수를 넘지 못합니다. 부모와 비슷한 수준에서 부모의 업을 물려받고 비슷한 급수로 살게 됩니다. 부모와 비슷한 삶을 살고 싶지 않다면 나를 올려줄 좋은 인연을 만나십시오. 그리고 그런 인연을 만나서 에너지를 채워 넣으십시오. 새로운 생각, 새로운 마인드, 새로운 습관을 형성하면서 자신을 바꾸어 나가십시오.

힘과 지위가 있는 가문은 가문의 업과 습을 자식에게 그대로 전수하고 가문의 힘을 고스란히 이어갑니다. 그래서 이런 가문을 '뼈대 있는 가문'이라고 표현하는 것입니다. 가문의 유무형 상속을 그대로 이어받은 자식은 부모를 뛰어넘기는 힘들고 가문의 힘과 지위를 유지관리하는 관리자의 길로 들어서게 됩니다.

한 가문의 영향력은 3대까지 이어집니다. 1대가 만들어놓은 유·무형의 유산이 있다면 2대에는 이 유산을 지키는 업이 주어지고, 3대는 이 유산을 확장시키거나 소멸시키거나 둘 중 하나의 흐름으로 가게 됩니다. 3대 때에 이르러 쌓인 모순이 많다면 3대가 재산을 탕진하거나 망하는 흐름으로 흘러가고, 3대 때까지 쌓아놓은 선한 영향력이 크다면 재산을 유지하거나 확장하는 흐름으로 갈 수 있습니다. 1대에 일으킨 이념의 완성은 3대에서 결정이 납니다. 3대는 가문의 수혜자가 될 수도 있지만 가문의 빚을 이어받을 수도 있습니다. 3대 때는 통합의 시간이 주어지며 가문이 일으킨 결과물의 상벌을 받는 시간입니다.

카르마 종결자

11

카르마는 왜 만들어집니까?

카르마는 유한하고 불안정한 환경으로부터 비롯됩니다. 우리 우주 자체가 빛의 파편이 끝나는 지점에 생겨났고, 그로 인해 빛과 어둠이 공존하는 공간이 형성되었습니다. 그곳은 빛의 마지막 종착지이자 어둠의 시작점인 그 어디쯤입니다. 우주 중심 태양으로부터 70% 벗어난 곳으로 빛에 완전히 속한 것도 아니요, 어둠에 완전히 속한 것도 아닌, 빛과 어둠이 공존하는 곳이 바로 우리 우주입니다. 최초부터 우리 우주의 환경은 모순 속에서 출발하였고, 계속 진화 · 발전하는 중입니다.

인간도 마찬가지입니다. 불안정한 환경은 카르마를 형성하는 원인이 됩니다. 예를 들어, 바위 위에 핀 꽃은 바위라는 환경이 땅보다 척박한 환경입니다. 이러한 환경 속에서는 비바람에도 적응해야 하고 물을 끌어당기는 뿌리의 힘도 강해야 합니다. 이렇게 바위 위에 앉은 생명력은 살려는 몸부림 속에서 진화 · 발전을 하게 됩니다. 더 억세고 더 강하게 성장하면서 특수한 성격을 형성하게 됩니다. 다른 온실

속의 화초보다 더 강력하고 생명력이 강한 뿌리로 살아남게 됩니다.

이러한 특징을 인간에 비유하자면, 척박한 환경 속에서 자란 아이는 근기가 세어집니다. 특정 부분의 성격이 강해지고 특정 부분은 약해질 수 있는 성향을 보이면서 모순적 기질을 형성하게 됩니다. 이러한 모순은 시대적 사회적 환경으로부터 비롯된 것입니다. 그렇게 가문마다 특정 부분에서는 뛰어난 소질을 지니게 되는 반면, 다른 어떤 부문에서는 떨어지게 됩니다. 이런 불균형을 극복하고자 인간은 결혼이라는 제도를 통해 가문과 가문을 결합시켜 불균형을 극복하고자 하였습니다.

환경에서 비롯된 인간의 특정 부분의 기질이 강해지면 그것은 업이 되어 전수됩니다. 그래서 칼을 쓰는 가문은 대대로 칼을 쓰게 되고, 손을 쓰는 장인 가문은 대대로 손을 쓰게 되는 것입니다. 한쪽으로 재능이 발달하게 되는 것입니다. 이렇게 한쪽으로 특정 부분이 발달하게 되면 다른 부분에서는 모순이 발생하게 됩니다. 이런 모순의 덩어리들이 뭉쳐서 카르마를 형성하게 되는 것입니다.

부모는 자식에게 유·무형의 재산을 물려주는데, 카르마 업도 자연스럽게 물려주게 됩니다. 부모가 자식에게 헌신하는 이유는 자신이 못다 푼 카르마 업을 자식에게 대물림해 자식으로 하여금 그 업을 풀라고 에너지를 내려주고 있는 것입니다. 부모는 조부모로부터 이어받은 습관과 기질을 자식에게 그대로 전수하며 내려줍니다. 만약 자식이 내 가문의 카르마를 이어받게 하고 싶지 않다면 다른 부모를 선택해 주면 됩니다.

12

인간이 동물과 다른 점은
무엇입니까?

　인간은 두 발로 걷고 동물은 네 발로 걷습니다. 두 발로 걷는다는 것은 머리로 천기를 받고, 발로 지기를 받는 형태장이 만들어졌다는 것입니다. 반면에 동물은 네 발로 지기만을 받습니다. 천기를 받으려면 허리가 곧추서야 합니다. 그래야만 천기를 직통으로 받을 수 있습니다. 하늘 에너지와 땅 에너지를 가슴에서 통합할 수 있는 것은 두 발로 서서 허리를 직선으로 펼 수 있는 존재만이 가능합니다. 유인원은 두 발로 걷는다 해도 가끔씩 네 발을 사용하고 허리가 굽어 있습니다. 선사시대 오스트랄로피테쿠스라는 인간 원형의 모습을 보면 허리가 약간 굽어져 형태장이 둥글게 말린 형태입니다. 조선시대까지 왕궁에서는 왕만이 허리를 펴고 다녔고, 기타 궁인들은 허리를 숙이고 다녔습니다. 양기가 충만한 사람은 어깨와 허리가 자연스럽게 펴지고, 음기가 들어차 있는 사람은 형태장이 축소되면서 어깨와 허리를 숙이게 됩니다.

인간이 동물과 다른 점은 천기와 지기를 모두 받는다는 점입니다. 동물은 지기만을 받습니다. 동물은 지구 물질에너지로 이루어져 있고 혼백(魂魄)의 백만이 존재합니다. 혼(魂)은 하늘로부터 오고, 백(魄)은 지구 물질 형태장으로 만들어집니다. 혼은 영을 담았던 무의식의 정보이고, 백은 물질을 담았던 기억의 정보입니다.

인간은 혼과 백이 모두 들어옵니다. 따라서 죽으면 혼은 하늘로 올라가고, 백은 지구 에너지로 통합·흡수됩니다. 이렇게 혼백의 분리가 됩니다. 그러나 동물은 백(魄)만이 지구에너지 정보 속으로 통합됩니다.

환생은 혼의 영역입니다. 따라서 백만 있는 동물은 환생을 하지 않습니다. 영혼이 있는 존재만이 환생을 할 수 있습니다. 영혼은 인간을 포함한 모든 만물에 스밀 수 있지만, 동물의 백은 상위차원에 스미지 못합니다. 이것은 마치 컴퓨터 프로그램과 같습니다. 상위버전은 하위버전을 열 수 있지만, 하위버전은 상위버전을 열 수 없는 것과 동일합니다. 상위버전은 하위버전을 거쳐 상위버전으로 올라간 것이기 때문에 그 안에 하위버전의 기억을 내포하고 있습니다.

인간이 죽으면 혼은 떠나고 백이 기본 3년을 머뭅니다. 즉 인간 육신을 입었던 에너지 정보 흔적이 남아있는 것입니다. 인간으로 살았던 기억 정보 흔적이 바로 귀(鬼)가 됩니다.

신은 하늘 에너지이기 때문에 가슴 위쪽에 머물고, 귀는 땅의 에너지이기 때문에 가슴 아래쪽에 머뭅니다.

13
귀란 무엇입니까?

'귀'는 혼백(魂魄)에서 백의 흔적을 말합니다. 혼은 하늘로 날아가고 백은 땅으로 스며듭니다. 혼은 하늘의 정보요, 백은 땅의 정보입니다. 하늘과 땅이 만나서 인간이 만들어집니다. 혼은 하늘 영혼에서 당겨져 들어오고, 백은 지구 물질 정보로 만들어진 영혼의 태(態)입니다. 즉 귀란 영혼이 담겼던 흔적의 정보입니다.

죽은 자의 정보는 최소 3년, 최대 100년을 머뭅니다. 한이 강할수록 오래 머물게 됩니다. 그래서 우리 조상들은 3년 상을 치렀습니다.

귀란 과거 흔적이며 처리되지 못한 감정들이 뭉친 것이기도 합니다. 머물 집이 없기 때문에 인간 몸을 타는 것입니다. 마치 차를 운전하듯 인간 몸에 기생하여 인간의 생각과 감정을 지배하며 움직입니다. 그래서 귀의 집이 된 자를 빙의되었다고 표현합니다. 즉 나 대신 다른 존재가 내 육체를 점령하여 움직이고 있기 때문입니다.

그렇다면 귀는 인간 몸에 어떻게 들어올까요? 귀는 인연이 되지 않으면 타지 못하고, 또 비슷한 에너지 준위가 형성되지 않으면 탈수 없습니다. 즉 귀가 좋아할 만한 환경이 형성되었을 때 귀가 머물게 되는 것입니다. 귀는 대체로 음적이고 어두우며 탁한 곳을 좋아합니다. 빛이 머무는, 밝고 깨끗한 곳에는 귀의 상념이 서리지 못합니다.

귀는 원한이나 한이 남아있는 존재이자 사적 감정의 흔적이 남아있는 존재이며, 과거 상념에 묶여있는 에너지 뭉침입니다. 이러한 에너지 뭉침은 사념을 형성하고 사념은 여기저기 떠돌며 에너지 준위가 맞는 사람 속에 둥지를 틉니다.

인간의 육체는 신과 귀가 타는 자동차와도 같습니다. 우리 육체에는 신도 타고 귀도 타며, 보이지 않는 존재가 인간의 감정과 육체를 지배하며 움직입니다. 그래서 인간 육체를 '신의 마차'라 하는 것입니다.

카르마 종결자

14
신이란 무엇입니까?

신이란 이 물질 우주를 운행하는 주재자입니다. 우리 인간도 물질을 운영하고 있기에 신의 일부라고 할 수 있습니다. 빛의 파편이자 신의 일부분인 우리 영혼은 모두 신의 자녀들이며, 우리 본래의 모습은 신입니다. 그러나 물질 육체를 입는 즉시 우리는 우리가 신이었던 기억을 망각합니다.

이 지구란 곳에 육신을 입는 순간, 우리는 망각의 샘물을 마십니다. 내가 예수이든 부처이든, 내가 누구였든 간에 이 지구에 들어와 육신을 입는 순간, 우리는 경주 레이스의 시작점에 위치하는 것이며, 모든 과정을 처음부터 거쳐야만 합니다. 신들에게는 어쩌면 가혹한 행성일지도 모릅니다. 인간이 육신을 입는 순간, 물질과 정신을 반반 걸치고 있기에 반신반인(半神半人)이라고 할 수 있습니다. 육신을 벗는 순간 우리 영혼은 신의 품으로 들어가 신의 일을 하게 됩니다.

신은 여러 차원계에 다양하게 분포하고 존재하며, 맡은 역할과 일들도 다양합니다. 즉 창조주재자의 손발이 되어 대자연을 관장하는 무형의 존재들이 신입니다. 신은 역할에 따라서 다양하게 나뉩니다.

우리 인간에게는 3개 차원의 신이 실리는데 원신, 조상신, 후손신 이렇게 3대가 함께 작용합니다. 조상신은 과거의 정보를 물고 오고, 후손신은 미래의 정보를 물고 오며, 원신은 현재의 정보를 통합하는 신입니다. 원신에서 과거와 미래를 통합하고, 육신을 벗으면 과거 현재 미래를 모두 통합한 통합령이 됩니다. 육신을 벗은 상태에서는 인간적 시간 개념이 사라집니다. 동시에 과거, 현재, 미래가 통합된 통합령 상태로 존재하게 됩니다.

원신, 조상신, 후손신 모두 신입니다. 이들이 우리 육체를 지배하고 육체를 이끄는 운영자입니다. 즉 우리 안에 과거, 현재, 미래의 신이 함께 머물면서 작용을 하고 있는 것입니다.

이 중에서 과거의 정보를 물고 오는 조상신은 카르마의 업을 가지고 옵니다. 즉 풀지 못한 고리를 물고 들어오는 것이 조상신이며, 자신의 대에서 풀지 못한 고리를 자손 육체를 빌려 풀고자 하는 것입니다. 이 고리를 풀지 못하면 조상신이 계속 육체를 점유하면서 조상의 아픈 곳이 현재 육체 속에 나타나기도 합니다. 이것이 이른바 신병이라는 것입니다.

이 지구란 행성은 카르마를 푸는 장소로 세팅된 곳입니다. 단순히 먹고 자며 본능대로 사는 곳이 아닌, 카르마 드라마가 펼쳐지는 곳이고 깨달음의 장소이며, 미래를 바꿀 수 있는 현재라는 순간이 존

카르마 종결자

재하는 곳입니다.

반은 정신에 반은 물질에 걸친 존재라서 인간들은 자신이 신이라는 것을 망각한 채 인생을 살아갑니다. 그러면서 신을 내부에서가 아니라 외부에서 찾고 있습니다. 자신의 육체를 운영하는 영혼의 존재가 신이라는 것을 모르고 밖에서 신의 모습을 찾고, 교회나 절에서 신을 찾습니다.

신은 인간을 통해 현현합니다. 주변 사람들을 통해 신의 메시지가 주어지는 것이지 신은 먼 곳에 있지 않습니다.

인간이 신을 찾을 때는 언제일까요? 인간은 인생을 살다가 막다른 길에 다다르거나 삶의 어려움이 닥칠 때 신을 찾습니다. 잘나갈 때는 신을 찾지 않습니다. 왜냐하면 이미 신이 임해있기 때문입니다.

인생의 내리막길에 들어서면 신은 이미 뜨고 없습니다. 신이 뜨고 나면 하락기에 접어듭니다. 원의 최상부에 미래 신이 정좌하고, 원의 최하단부에 과거 신이 정좌합니다. 인생의 최고 정점에는 미래로 인도하는 신이 길을 이끕니다. 그리고 하락기에 들어서면 신은 뜨고 정리하는 과정에 들어갑니다. 상승 기간 동안 벌여놓은 일들을 마무리하고 정리하는 시간을 갖는 것입니다. 하락점에 들어서면 과거 신들이 들어와 과거를 돌아보고 정리하게 만드는 시간을 갖습니다. 이 시간이 지루하고 힘들고 괴롭지만 거쳐야 할 시간들입니다.

인생의 주기는 원의 사이클과 비슷합니다. 일을 벌이면 마무리 정리하는 시간이 필요하듯, 주기적 사이클이라고 생각하십시오.

사람들은 자신에게 닥친 어려움을 풀고자 외부에서 답을 찾으려 합니다. 자신의 인생에 걸림돌이 생겨서 인생의 벽에 부딪힌다는 것은 자신이 살아온 삶의 방식에 대한 모순과 선택의 오류에 의해 나타난 결과임에도 불구하고, 자신의 잘못과 오류는 찾을 생각을 하지 않고 무작정 신을 찾습니다. 신을 찾는다는 것은 어려움을 풀어줄 누군가를 찾는 것이기도 합니다.

삶의 어려움에 봉착했을 때는 외부의 신보다는 먼저 내부의 목소리를 들으시고, 자기의 인생을 다시 한번 돌아보고 정리하는 시간을 가지십시오. 그럼에도 불구하고 답이 보이지 않을 때 그때 인간 신을 찾으십시오. 신은 간절한 순간에 인연을 보내줍니다.

카르마 종결자

위 그림은 최상위에 정좌하고 있는 신의 모습과 최하위에
거꾸로 매달린 인간의 모습을 보여주는 수레바퀴의 상징
그림입니다. 신은 언제나 가장 높은 곳에 정좌합니다. 최고
자리를 유지할 때만이 신이 함께합니다. 수레바퀴가
돌아 쇠락기에 접어들면 신은 사라지고 왕관은
떨어지며 인간은 결국 거꾸로 매달려 힘든
시간을 보내게 됩니다. 이 또한 시간이
지나고 나면 다시 상승기를
맞이하게 됩니다.

15
죄란 무엇입니까?

대자연법으로 보았을 때 죄란 없습니다. 모든 행위는 생명체의 생존 행위입니다. '나'라는 존재를 유지하기 위한 하나의 본능적 행위입니다. 사자가 사슴을 잡아먹으면 사자는 죄를 짓는 것일까요? 동물에게는 죄라는 것이 없습니다. 생존만 존재할 뿐입니다. 죄라는 것은 인간들에게 통용되는 말이며 인간들이 만든 관념입니다. 관념적으로 죄라는 것은 시대적, 사회적, 관념에 따라 어떤 때는 죄가 되기도 하고, 어떤 때는 죄가 되지 않기도 합니다. 시대의식의 반영입니다.

그렇다면 영혼 입장에서 죄란 무엇일까요? 그것은 바로 '마음의 걸림'입니다. 즉 양심에 걸리면 죄가 됩니다. 마음에 걸린다는 것은 미래로 나아가지 못하고 과거 행위에 발목이 잡혀있기 때문에 마음이 괴로운 것입니다. 과거 모순을 해결하지 못하고 그 생각 안에 가두어지기 때문에 괴로운 것입니다.

카르마 종결자

인간들이 말하는 일반적인 죄란, 시대적 질서나 관념을 통해 만들어진 사회적 룰을 어길 때, 이때 죄를 짓는다고 말합니다. 그러나 대자연 우주법으로 본다면 환경이 만들어놓은 결과를 맞이하는 것이 됩니다. 하지만 영혼의 죄는 다릅니다. 영혼의 죄는 마음의 걸림 즉 양심이라는 마음으로 측정될 수 있습니다. 상대와 나 사이에 카르마로 형성된 에너지적 불균형이 마음의 불편함을 만들어내고, 이런 불균형이 마음의 걸림을 만들어냅니다.

쉽게 정리하자면 인간적 죄는 사회적 통념을 어겼을 때가 죄가 되고, 영혼적 죄는 양심에 걸리는 마음의 빚이 영혼의 죄이며, 대자연 우주의 죄는 이 환경을 만들어낸 것이 바로 죄입니다.

16
병이란 무엇입니까?

　질병이 발생하는 이유는 에너지 뭉침 때문입니다. 우리 인체는 에너지 순환만 잘 되면 기본 100살은 건강하게 살다가 갈 수 있는 신체를 가지고 있습니다.

　질병에는 크게 카르마적 질병과 현생의 환경에서 비롯된 질병이 있습니다. 카르마적 질병은 가문 대대로 내려오는 모순이 유전되어 발생하는 유전적 질환이며, 환경에서 비롯된 질병은 에너지 순환의 막힘에서 발생하는 질병입니다.

　살아있는 모든 생명체는 움직이고 회전하며 순환합니다. 유한한 지구는 시간에 지배를 받으며 생로병사의 길을 가게 됩니다. 이것은 지구에 적용되는 질서이자 법입니다. 태양계는 태양계의 시간 질서를 따릅니다.

　만약 순환하는 엔진에 어떤 오염물이 끼이게 되면 순환 패턴이 엉키게 됩니다. 마찬가지로 우리 인체를 둘러싸고 있는 순환 형태장에 외부기운이 간섭해 들어왔을 때 이 에너지를 잘 돌려내지 못하면

안에서 엉키면서 기운을 뭉치게 만듭니다. 한번 엉킨 실타래는 약간 엉켰을 때 풀어내야 하는데, 풀지 못하고 계속 엉키게 방치하면 나중에는 실타래를 잘라내야 하는 상황이 오게 됩니다. 마찬가지로 우리 인체도 순환이 잘되어야 건강한 몸을 유지할 수 있습니다. 이렇게 뭉친 에너지는 점점 쌓여 약 70%(66.6%) 이상 차오르면 물질화가 되고, 에너지적 불균형이 물질화가 된 것이 바로 질병입니다. 초기 에너지 상태에서는 뭔가 조금 불편하다, 혹은 예민해진다, 혹은 언짢다 등 기분 상태로 나타나고, 좀 더 심해지면 간헐적 통증으로 나타나며, 나중에는 질병으로 발전하게 되는 것입니다.

따라서 질병은 물질화가 되기 전 에너지 뭉침이 생겼을 때 바로바로 환경과 습관을 바꾸어줄 필요가 있습니다. 환경과 습관이 바뀌려면 먼저 생각이 바뀌어야 하는데 생각은 혼자 바꾸기가 힘듭니다. 이때는 다른 인연을 통해 내 생각의 각을 바꾸는 것이 가장 빠릅니다. 따라서 질병에 가장 큰 약은 인간의 말 한마디입니다.

17
죽음이란 무엇입니까?

저 세계(저승)에서 죽으면 이 세계(이승)로 태어나고, 이 세계에서 죽으면 저 세계에 태어납니다. 일반적인 관념으로 죽음이라는 것을 말하자면, 육체가 사라지고 영혼만 남은 상태를 죽었다고 표현합니다. 육신이라는 기계가 멈추어버린 상태가 죽음입니다. 그러나 영혼 입장에서 보자면, 우리는 죽은 것이 아니라 잠시 물질 옷을 벗었을 뿐입니다. 영혼이 타던 육체라는 탈 것이 사라지고, 시간의 굴레에서 해방된 상태가 죽음의 상태입니다.

이 세계와 저 세계를 잇는 차원의 강을 넘는 것은 하나의 큰 모험입니다. 신이 육신을 입는 것도 모험이고, 인간이 육신을 벗는 것도 모험입니다. 신이 육신을 입는 순간, 신이었던 기억을 망각하고 시간의 굴레에 붙잡혀야 하기 때문에 신 입장에서 육신을 입는다는 것은 크나큰 불편일 수밖에 없습니다. 마치 감옥에 들어온 것처럼, 시간과 속도가 다른 차원 속에 빠진 것과 같습니다.

카르마 종결자

모든 인간들은 100년 남짓 물질 옷을 입고 있다가 시간이 지나면 물질 옷을 벗고 저세상으로 건너가 다시 태어날 시공간을 준비합니다. 다시 태어날 때는 인연의 연법 계산과 카르마 질량을 계산하여 한 치의 오차 없이 시와 때를 기다려 탄생합니다.

이 지구에 물질 옷을 입는다는 것은 영혼 입장에서는 괴로운 일이기도 하지만 한편으로는 죄의 탕감을 받고 카르마 꼬임을 풀 수 있는 기회가 부여된 하느님의 안배입니다.

죽음의 순간이 다가왔다는 것은 이생에 부여된 숙제를 마치고 집으로 돌아가는 순간이 되었다는 뜻입니다.

육신을 벗고 영의 상태가 되었을 때, 이 지구에서 살던 습이 있어서 또 다른 육신 속에 들어가고자 합니다. 이때 영은 자손들의 몸을 타는 것입니다. 또 다른 육신 속에 들어가려 하지 말고, 저 차원의 강을 건너십시오. 그리고 차원의 문이 열렸을 때 빛을 따라 들어가십시오. 그곳에서 잠시 쉬며 다음 임무를 기다리십시오.

어떤 이는 다시 지구에 환생할 것이고, 어떤 이는 다른 차원의 은하로 이동을 할 것이며, 어떤 이는 본래 있던 신계로 옮겨갈 것입니다. 영혼이 가는 곳은 영혼의 질량에 따라 다 다릅니다.

영혼의 무게가 가벼울수록 차원계의 위쪽에 머물고, 무게가 무거울수록 차원계의 아래쪽에 머뭅니다. 차원의 아래쪽에 위치할수록 환생을 몇 번 더 거쳐야 하고, 차원의 위쪽에 머물수록 신에 가까운 모습이 됩니다.

카르마 종결자들은 영혼 무게를 가볍게 하여 본래 신이었던 상태로 돌아가는 자들이기에 지구로의 환생은 더이상 없습니다. 자신에게 주어진 시간 동안, 카르마의 꼬임을 풀고 인류를 위해 자신의 빛을 펼치고 멋있게 살다 가십시오.

왼쪽 아누비스가 망자를 데리고 오시리스 앞으로 가서 심장의 무게를 재고 있습니다. 오른쪽 토트는 이를 기록하고 있습니다. 영혼이 머물렀던 심장의 무게가 깃털보다 가벼우면 오시리스가 머무는 저승으로 들어갈 수 있었고, 깃털보다 무거우면 암무트에게 먹힙니다.

카르마 종결자

18
죽음 이후에는
무엇이 남습니까?

죽음은 우리 영혼이 육신을 다 사용했을 때 육과 영이 분리되는 현상입니다. 육신은 대자연 품으로 돌아가고, 영혼은 영계로 이동합니다. 우리 영혼은 사용했던 육신의 기억과 흔적을 가져갑니다. 영혼이 육체를 운용하면서 느꼈던 감정들은 백에 저장되고, 백은 다시 지구 어머니 바다로 통합되며, 혼은 대자연 하늘 아버지 품으로 날아갑니다. 고대 이집트 종교에서는 이것을 '카바(카는 백, 바는 혼)'라고 합니다.

죽음 이후 우리가 가져갈 수 있는 것은 돈도 아니고, 명예도 아니고, 권위나 지위도 아닙니다. 이 모든 것은 지구 생활의 과정 속에서 중요한 것일 뿐, 죽음 이후에는 이런 모든 것들이 무의미해집니다.

죽음 이후에 우리에게 중요한 것은 우리가 생을 살면서 어떤 감정들을 느끼고 어떤 깨달음을 얻었냐가 중요합니다. 이번 생에 느낀 감정과 깨달음은 다음 생을 결정짓는 중요역할을 합니다.

감정의 에너지는 인연을 결정짓고, 깨달음의 에너지는 스토리를 만들어냅니다. 내가 어떤 상황을 맞이해서 상대로부터 어떤 감정을 느꼈고 또 그 감정을 통해서 무엇을 어떻게 승화시켰냐가 중요합니다.

죽음 이후를 생각하면 이생을 어떻게 살아야 하는지를 알 수 있습니다. 지구란 곳이 단순히 먹고 마시고 자고 즐기는 곳이 아니라 영혼 성장을 하는 영혼의 교육 장소라는 것을 안다면 그저 본능대로만 살지는 않을 것입니다.

죽음의 강을 건너며 우리는 인생의 파노라마 영상을 봅니다. 영혼의 상태는 분리 상태가 아닌 통합의 상태이기 때문에 내 입장에서의 느낌이 아니라 상대의 입장에서 그 감정들이 고스란히 느껴지고 들어옵니다. 아픔, 슬픔, 고통 등등 이 모든 감정의 파도를 거치고 나면 우뚝 서 있는 더 큰 나의 존재를 만나게 될 것입니다. 우리는 하나였음을, 우리는 둘이 아니었음을, 더더욱 느끼게 될 것입니다. 그렇게 영계 차원으로 이동합니다. 그리고 신의 질서 속에 편입이 됩니다. 다음 환생을 준비하는 영혼도 있을 것이고, 환생을 마치고 신의 영역으로 들어가는 영혼도 있을 것입니다. **이번 생의 결괏값은 다음 생을 결정짓고 신의 포지션을 결정짓습니다.** 그래서 우리는 영혼의 오류를 잡을 수 있는 육신이 주어졌음에 감사하고, 지구에서의 영혼 교육이 있음으로 인해 영혼이 한 단계 상승할 수 있다는 것을 감사하게 생각해야 합니다.

카르마 종결자

지구살이에서 인연은 매우 중요합니다. 인연과 인연이 관계성을 어떻게 풀어내고 어떻게 매듭을 짓는지에 따라 내 미래 환경이 달라지기 때문입니다. 가족으로 엮인다는 것은 카르마 채무관계로 엮이는 것입니다. 비단 좋은 관계만은 아닙니다. 그러나 지구에서 사람들은 나를 도와줄 사람은 오직 혈육뿐이다라고 생각합니다. 카르마로 엮였기 때문에 일정 시간 동안은 책임져야 할 의무와 책임감이 따릅니다.

혈육과의 시간은 내가 성장할 때까지입니다. 다 성장하고 나서는 자신을 한 단계 업그레이드시켜줄 새로운 인연을 찾아 나가야 합니다. 새로운 인연을 통해서 가문의 모순점을 발견할 수 있기 때문입니다.

우리는 인연을 통해서 나의 모습을 비춰봅니다. 나는 내 눈을 볼 수 없지만, 상대는 내 눈을 볼 수 있습니다. 서로의 눈을 통해 나를 바라보고 있는 중입니다. 특히 배우자의 인연은 나의 반대 극성에 있는 에너지입니다. 천궁도 차트에서 나의 방 반대편에 배우자의 방이 위치하고 있듯, 배우자는 나를 비춰주는 거울처럼 작용합니다.

19
결혼은 왜 하는 것입니까?

결혼이란, 인류 진화를 위한 대자연의 법칙 중 하나이며, 카르마를 상쇄시키기 위한 하늘의 배려이자 이 지구 시스템의 룰입니다. 여자와 남자가 만나서 새로운 씨앗을 낳는다는 것은 새롭게 진화된 종을 잉태한다는 뜻이기도 합니다.

음양이 만나서 합을 이루는 것은 대자연의 진화 과정 중 일부입니다. 나보다 더 나은 나를 잉태하여 DNA 유전자를 종속시키고 영적으로는 카르마를 입식시키기 위함입니다. 인류는 이렇게 진화의 길을 걸어왔고, 이 지구에서 진화의 완성을 이루어가고 있습니다.

지구에서 최고로 진화된 존재들은 신에 가까운 인간입니다. 신이란 존재는 인간의 탄생과 죽음을 관장해왔는데, 이러한 영역의 권한이 점점 인간에게로 넘어오고 있다는 것은 인간이 점점 신으로 진화하고 있다는 뜻이기도 합니다.

결혼이란, 가문과 가문이 연을 이어 새롭게 진화된 존재를 만들

카르마 종결자

어 가는 과정입니다. 결혼으로 맺어지는 인연은 가문과 가문이 엮이는 것이고, 가문과 가문이 엮인다는 것은 서로 부족한 부분을 보완하기 위함입니다.

자기 가문의 모순점은 자기 가문끼리는 잘 보이지 않습니다. 다른 가문의 시각으로 보아야 그 가문의 모순점이 보이는 것입니다. 그래서 서로 반대되는 인연의 짝을 만나 서로를 비추어 보는 것이 바로 결혼 과정이었고, 그 안에서 나 자신을 변화시키고 성장 · 발전시키고자 하는 의도가 들어있었습니다.

그러나 이제 인류발전 역사가 고점을 향해가고, 인류는 이 지구에서 진화 · 발전의 종말을 고하고 있으며, 더 이상 내 자손을 낳아 카르마를 입식시키고자 하는 마음이 줄어들고 있습니다.

진화된 종족일수록 자손을 이으려는 마음이 사라지게 됩니다. 그래서 선진국일수록 인구가 줄어들고, 후진국일수록 인구가 느는 이유입니다. 인간이 동물에 가까울수록 씨를 낳으려는 속성이 강해지고, 신에 가까울수록 씨를 낳으려는 욕구가 사라집니다.

지금의 시대는 인류발전의 최정점에 이르렀고, 카르마를 종식하는 사람들이 하나둘 나오기 시작했으며, 이번 생에 자신의 불꽃을 태우고 갈 사람들이 점점 많아지고 있는 추세입니다.

배우자의 인연은 자기 극성의 반대편에 있는 사람을 만나게 됩니다. 인간은 자신에게 없는 부분을 보완하기 위한 감각기능을 가지고 있어서 반대속성을 가진 사람에게 자동으로 끌립니다. 서로 반대되는 극성은 강한 인력으로 끌어당겨집니다. 이는 불완전을 완전으로 돌려내려는 우주의 속성입니다.

불완전한 물질우주의 목적은 완전함입니다. 인류가 진화 · 발전 하려는 이유 또한 완전함을 이루기 위해서입니다.

결혼이란 자기 가문의 모순과 결함을 완전으로 돌려내고자 하는 대자연의 속성입니다. 성장을 끝낸 나무는 더 이상 자손을 잇지 않으려 합니다. 이렇게 불완전에서 완전함이 이루어지고 나면 성장은 멈추고 이미 완전해졌기에 더 이상 움직임을 일으키지 않습니다. 그래서 인류 의식이 성장할수록 자손을 잇기 위한 결혼 과정은 무의미해져 갈 것입니다.

20
결혼은 해야 합니까?
하지 말아야 합니까?

결혼을 해야 하는 사람이 있고, 하지 말아야 하는 사람이 있습니다. 마찬가지로 자손을 낳아야 하는 사람도 있고, 낳지 말아야 하는 사람도 있습니다. 각 가문에서도 대를 이어야 할 사람, 꽃을 피워야 할 사람은 제각각 다르기 때문입니다.

첫 번째, 결혼을 해야 할 사람은 다음과 같습니다. 가문의 모순점을 바로잡기 위해 외부 가문의 힘이 필요한 사람은 결혼을 하는 것이 유리합니다. 서로의 가문을 받아들이고 이해하면서 성장·발전할 수 있는 환경이 만들어지기 때문입니다.

가문과 가문이 만나면서 초반에는 많은 어려움이 있고 또 협의를 이끌어내야 합니다. 하지만 이 또한 가문이 변화·발전하는 과정이라고 생각하고 사람과 사람이 만나 합을 이뤄가는 공부가 필요한 사람들은 결혼을 하는 것이 맞습니다.

두 번째, 결혼을 하지 말아야 할 사람은 다음과 같습니다. 다른 가문과 가문의 합을 맞춰보면서 발생할 모순점과 배움을 이미 알고 있고 또 거기에서 더 이상 배울 것이 없다고 판단되는, 즉 가문과 가문의 결합 공부가 없는 사람은 굳이 결혼을 하지 않아도 됩니다.

지금의 시대는 결혼이 필수가 아니라 선택입니다. 결혼을 통해서 얻던 배움을 사회를 통해서 얻을 수 있는 환경이 조성되어있고, 과거처럼 여성이 집안일을 하고 남성이 바깥일을 하는 시대도 아닙니다. 여성이든 남성이든 끼니는 각자 해결하는 시대가 되었기 때문에 여성적 손길이 필요해서, 혹은 남성적 손길이 필요해서 결혼하는 시대는 아닙니다.

지금의 시대는 이상과 뜻을 맞춰보고 결혼해야 하는 시대입니다. 과거의 시대는 가문의 수준을 보고 서로 도움이 되겠다고 생각하는 사람과 합을 맞추려 했다면, 지금의 시대는 뜻과 이상이 맞고 말이 통하는 사람과 파트너로 만나는 것이 더 유리한 세상으로 흘러가고 있습니다. 물론 아이를 낳아 자신의 카르마를 물려주려 결혼하는 사람들도 있을 것입니다. 내 대에서 꽃이 피는 것이 아니라 자식 대에서 꽃을 피우려는 사람들은 자식 교육에 올인을 합니다. 이 또한 무의식 속에 프로그램된 상황이라서 본인이 결혼을 해야 하는지, 하지 말아야 하는지, 스스로 알 수 있습니다.

카르마 종결자

21

자식을 낳아야 합니까?
낳지 말아야 합니까?

카르마 종결자는 이번 생에 카르마를 종결하고 더 이상 환생을 하지 않기 때문에 자식을 갖지 않는 경우가 많습니다. 자식을 갖지 않는다는 것은 삶 자체가 사적인 삶이 아닌, 공적인 삶을 살아야 함을 의미합니다. 자식이 있다는 것은 일정 부분 내 에너지를 자식에게 내려줘야 할 의무를 발생시킵니다. 따라서 내 삶의 일정 시간을 자식을 위해 희생하는 삶을 깔고 가야 합니다.

결혼을 하지 않은 비혼주의자 종결자
결혼을 하였지만 자식이 없는 종결자
결혼을 하였으며 자식이 있는 종결자

이렇게 3가지 경우로 나누어서 설명하겠습니다.

1번 비혼주의자 종결자들은 자신의 이념이나 의지대로 결혼을 하지 않은 사람도 있을 테고, 혹은 배우자 인연이 없어서 결혼을 하지 않은 경우도 있을 것입니다. 자신의 의지이든, 펼쳐진 환경이 그러하든, 둘 다 공적으로 살아야 할 사람들입니다. 즉 사적 삶이 아닌 이 사회를 위해서 살다 가야 하는 사람들입니다.

2번, 결혼은 하였지만 자식이 없는 종결자는 불임이 있어서 아이를 못 갖는 경우든, 부부 의지로 자식을 낳지 않는 경우든, 둘 다 서로 파트너십을 가지고 이 사회에서 공적으로 일을 해야 하는 사람들입니다.

3번, 결혼은 하였으며 자식이 있는 종결자는 자식이 성장할 때까지 자식을 위해 희생하며 살아야 하는 의무가 부여됩니다. 자식을 성장시키고 난 뒤 카르마 종결자로서 본인 인생을 살게 됩니다. 카르마 종결자의 자식은 마찬가지로 카르마 종결자가 됩니다.

카르마 종결자에게 자식이란, 크게 두 가지로 나뉩니다.
첫째, 삶을 제어하는 브레이크 역할을 하거나, 둘째, 부모의 서브 역할이 주어집니다. 삶을 제어하는 브레이크 역할은 곧 하늘 사자 역할이 부여된 사람으로, 부모의 성장을 억제합니다. 반면 부모의 서브 역할이 주어지는 자식은 대체로 부모 상속을 받게 됩니다. 부모의 상속을 받는다는 것은 부모의 업과 카르마를 물려받는다는 것이고, 본인이 가문을 잘 정리해야 하는 삶을 살아야 합니다. 이런 경우는 부모 대에서 꽃을 피우고 그 열매를 받는 사람들이며, 주어지는 열매가

카르마 종결자

클 경우 자식을 낳아서 함께 업을 종결하기도 합니다.

마지막으로 부모와 자식이 한 세트로 움직이는 경우가 있습니다. 부모가 스승이 되어 자식을 케어하고 또 빛내도록 도와주는 역할이 있습니다. 이런 부류는 부모와 자식이 한 팀으로 움직입니다.

카르마 종결자가 아닌 경우, 결혼을 해서 자식을 낳으려는 욕구가 강하고, 또 무의식적으로도 가문의 대를 계속 이어가려 합니다.

카르마 종결자들은 스스로 압니다. 결혼을 해야 하는지, 말아야 하는지, 자식을 낳을 것인지, 안 낳을 것인지···. 깨닫지 못해도 상관없습니다. 환경이 당신을 그렇게 몰고 갈 것이기 때문입니다.

잘사는 선진국일수록 자식이 귀하고, 후진국일수록 자식을 많이 놓습니다. 즉 의식이 진화 · 발전할수록 카르마를 종결하려 하고, 의식이 떨어지면 떨어질수록 카르마 업을 이어가려 합니다. 문명이 더욱 발전할수록, 더욱 진화할수록, 아이를 낳는 것은 더욱 힘들어질 것이며, 미래에 우리는 유전자 교배에 의해 선택적으로 아이를 생산할 것입니다. 이러한 아이들은 인류 미래를 이끌어갈 신인류의 아이들로, 개인 한 사람의 소유가 아닌 인류의 아이들로 성장하게 될 것입니다.

22

그렇다면 어떻게 살아야 합니까?

삶의 목적이나 방식은 모든 인간마다 다르고 인종마다 다릅니다. 물론 의식 수준에 따라서 삶의 방식이나 목적 또한 달라집니다. 시대적 삶의 목적도 다르고 공간 분포적 삶의 목적도 다 다릅니다.

삶의 목적을 묻는 이들은 대체로 동물을 탈피하여 인간에서 신으로 의식이 이동하려는 사람들입니다. 즉 인간만이 가질 수 있는 질문이며, 동물적 의식에서는 결코 나올 수 없는 질문이기도 합니다.

동물적 의식을 가지고 있는 사람들은 생존본능적으로 인생을 삽니다. 좀 더 성장하여 평범한 인간적 생각을 가지고 있는 사람들은 삶의 안정이나 노후 대비를 위해 현재를 살아가기도 합니다. 그러나 의식이 성숙한 사람들은 삶의 안정이나 노후를 위한 삶보다 좀 더 큰 가치를 찾으려 합니다.

의식이 커졌기 때문에 커진 만큼 세상을 위해 이롭게 하고 싶다는 마음이 자연히 들게 되는 것입니다. 반면에 생존의 어려움을 겪거나 결핍이 심한 사람들은 이러한 결핍을 충족하면서 사는 것이 현재 자

카르마 종결자

신의 위치에서 할 수 있는 최선의 방법입니다.

배가 고프면 음식을 찾아야 하는 것은 당연하고, 결핍이 생기는 것을 충족하려는 욕구는 생명체의 본능이기 때문입니다. 쉽게 정리하자면 다음과 같습니다.

생존에 어려움이 있거나 물질적 결핍이 있다면 결핍을 먼저 충족시키는 삶을 사십시오. 결핍이 충족되었음에도 불구하고 계속 충족하려한다면 그것은 욕심이 됩니다. 욕심을 낸 만큼 그에 대한 역효과는 반드시 다가옵니다.

결핍이 어느 정도 충족되고 기본생활에 안정이 되었다면 그다음부터는 이 사회를 위해 무엇을 할 것인가를 생각하십시오. 나의 행동과 말이 이 사회를 정화시키고 또 이롭게 하는 행위인가를 생각하면서 하나보다는 둘, 둘보다는 셋, 이렇게 많은 사람들이 이로울 수 있는 환경을 만들어 가십시오.

인간과 동물이 다른 점은 동물적 삶은 이기적인 삶이고, 인간적 삶은 이타적 삶이라는 데에 있습니다. 우리 인간은 남을 이롭게 할 때 우리 영혼이 빛날 수 있습니다. 남을 이롭게 한다고 내가 가진 힘을 나누어주라는 뜻은 아닙니다. 내가 가진 힘으로 더 좋은 환경을 만들어 많은 사람들이 누릴 수 있다면 그것이 더 올바른 삶입니다. 한 사람 한 사람의 의식을 성장시킬 수 있는 길은 무엇인가를 생각해야 할 것입니다.

내가 가진 먹을 것을 그냥 의미 없이 나누어주면 그것을 받은 사람은 그저 입으로 들어가 배설물로 나올 뿐입니다.

내가 가진 힘과 재원을 나누어줄 때는 명분이 필요하고, 이 힘을 통해서 어떻게 상대를 이롭게 할 것인가를 생각해보아야 합니다. 정에 이끌려 불쌍하다고 내가 가진 돈을 나눠준다면 상대는 잘못 길든 생각으로 또 다른 사람에게도 정으로 호소합니다. 무턱대고 도와주면 도와준 만큼 자신이 다칩니다. 사람은 자신이 가진 힘을 잘 활용해야 합니다. 그 힘이 사람을 망칠 수도, 사람을 살릴 수도 있기 때문입니다.

마지막으로 정리하겠습니다. 현재 가진 힘이 없는 사람은 힘을 갖추는 데 열심히 노력하며 살아야 하고, 힘을 갖춘 사람은 내가 가진 유·무형의 재원과 힘을 어떻게 이롭게 이 사회에 쓸 것인가를 연구하면서 살아야 합니다.

힘이 없는 자가 어떻게 남을 도울 수 있을까요? 어려운 자는 절대 남을 도울 수 없습니다. 물은 위에서 아래로 흐르는 법입니다.

힘이 없는 사람은 위로부터 에너지를 내려받아야 하기 때문에 겸손하게 받아들이는 자세가 되어 있어야 위로부터 에너지를 받을 수 있습니다. 힘이 있는 사람은 아래로 에너지를 내려줘야 하기 때문에 '어떤 물길을 만들어 갈 것인가?', '아랫사람을 어떻게 다룰 것인가?' 등 사람을 연구하고 물길을 내려줄 수 있는 환경을 만들어야 합니다.

카르마 종결자

23

카르마 인연이란 무엇입니까?

카르마 인연이란, 전생의 영적인 빚 채무 관계가 현생에도 이어지는 관계를 말합니다. 카르마의 인연은 기본적으로 혈육으로 연결됩니다. 부모, 자식, 형제, 자매, 배우자 순으로 연결됩니다. 가장 강한 카르마의 인연은 부모, 자식 간입니다. 물론 빚 고리가 약한 경우, 부모가 강하게 당기지 않습니다. 부모는 일정 시간 동안 자식에게 헌신해야 하는 의무가 있습니다. 하지만 부모가 키울 수 없는 환경이라서 버려지는 아이들도 있는데, 이들은 부모와의 빚 채무 관계가 옅은 사람들이며, 이 사회의 에너지를 먹고 자라야 하는 사람들입니다.

부모는 자신의 빚(영적인 카르마 빚)을 다 갚을 때까지 자식을 묶어두려 합니다. 이것은 자동프로그래밍이 되어 있으며, 부모는 자신의 카르마를 자식에게 입식시킵니다. 자신이 이번 생에 이 빚을 청산하지 못하기 때문에 자식에게 카르마를 물려주는 것입니다. 자식을 낳는다는 것은 "내 카르마를 물려주겠다"라는 것입니다. 물질적 유산이든 정신적 유산이든, 내가 짊어진 짐을 함께 나누는 공동채무

자가 되는 것입니다.

부모 자식이 세팅되는 과정을 보면 다음과 같습니다.

자기 에너지와 반대되는 성향의 남녀가 만나 자식을 낳으면 자식은 부모의 모습을 모두 포함하고 있는 완전체가 됩니다. 그래서 배우자를 만날 때 자기 기질의 정반대가 되는 성향에 끌리게 됩니다.

삼각형의 좌우 극점에 남과 여가 위치하고, 이 둘의 에너지를 통합시키는 꼭짓점에 자식이 위치하게 됩니다. 이렇게 삼각 에너지장을 형성합니다. 따라서 자식은 부모 에너지의 균형을 맞추는 균형자가 되는데, 이 균형이 깨져버리면 여기에서부터 결핍이 발생합니다.

물질적 통합을 하려 할 때, 남녀는 서로 반대되는 성향에 끌리고, 정신적 통합을 하려 할 때, 남녀는 서로 비슷한 성향에 끌리게 됩니다.

물질적 통합은 역삼각형 모양을 형성하고, 정신적 통합은 정삼각형 모양을 형성합니다. 역삼각형 모양은 에너지를 아래로 향하게 하고, 정삼각형 모양은 에너지를 위로 향하게 만듭니다. 이 둘이 만나 육각별이 만들어집니다. 물질적 통합을 하여 대를 이으려 할 때는 카르마의 인연을 만나고, 정신적 통합을 하려 할 때는 영혼의 짝인 소울메이트를 만납니다.

지금 시대에 태어난 사람들은 씨를 이으려고 태어난 사람들이 아니라 영혼 완성을 이루려고 태어난 사람들입니다. 각 가문이 키운 꽃이자 열매이며 이들이 세상을 빛나게 하는 별들입니다. 따라서 지금 시대를 살고 있는 사람들 중 자신이 카르마 종결자라고 생각하는 사람들은 대를 잇기보다 자기 인생을 불살라 이 사회에 빛을 만들고 가는 마지막 꽃이자 열매라고 생각하시고, 새로운 시대, 창조의 시대를 열어가는데 자신의 재능과 능력을 펼치십시오.

　당신은 가문의 시조이자 마지막이며 알파와 오메가입니다. 낡은 관습을 부수는 파괴자이자 새 시작을 여는 창조자들입니다. 우로보로스 뱀이 자기 꼬리를 물고 있는 상징은 알파와 오메가인 당신들, 바로 카르마 종결자를 상징합니다.

우로보로스는
자신의 꼬리를 물고 있습니다.
시작과 끝을 연결하여
원을 만든 모양입니다.
가운데 육각별은
물질과 정신 에너지의
완성을 상징합니다.

24

귀인이란 무엇입니까?

사람들은 일반적인 관념으로 자신에게 잘해주면 선연, 나쁘게 하면 악연이라고 하는데, 이것은 인간적 관념에서 만들어진 것입니다. 선연과 악연은 따로 없습니다. 좋은 인연이든 나쁜 인연이든 나를 깨우치게 도와주는 거울과 같은 존재가 바로 '인연'입니다.

나의 모순점은 인연을 통해 드러납니다. 가족끼리는 비슷한 습관과 행동양식을 가지고 있고, 비슷한 모순점을 안고 살아갑니다. 이때 외부에서 인연이 들어오면서 모순점을 지적합니다. 이 모순점을 지적해주는 사람이 악연입니까? 선연입니까? 모순점을 지적할 때약간의 자존심이 상하기도 하겠지만, 바른길로 가게 하기 위한 사자역할을 한 것입니다.

선연, 악연으로 인연을 판단하기보다는 나에게 귀인인가 아닌가로 판단하십시오. 귀인은 인생의 중요 포인트 지점에 만나게 되는 중요인연입니다. 살면서 이러한 인연은 손에 꼽을 정도로 몇 명이 되지 않습니다.

자기 인생에 귀인은 어떤 사람이었습니까? 귀인이란, 인생의 터닝 포인트가 되어주는 사람입니다.

혈육으로 엮인 가족은 귀인이 아니라 빚 고리로 엮인 공동채무관계이고, 귀인은 내 영혼 행위의 결괏값으로 외부에서 들어오는 인연입니다.

귀인이란, 신의 메시지를 들고 들어오는 신의 사자이자, 신의 메신저입니다. 물질적이든 정신적이든 나에게 에너지를 수혈해 주는 사람이기에 귀인이라고 하는 것입니다.

귀인은 인생의 터닝포인트에서 수준을 한 단계 업그레이드할 때 들어옵니다. 이때 나의 질량을 테스트하면서 들어옵니다. 다음 레벨로 질량이 찼으면 나를 이끌어 올려줄 인연이 들어오고, 질량이 모자라면 나를 떨어뜨릴 인연이 들어옵니다. 내 질량의 정도에 따라 상대가 귀인이 되기도 하고 악연이 되기도 하는 것입니다. 따라서 귀인이나 악연은 내 질량만큼, 내 성장만큼, 정확하게 들어온다는 것을 명심하십시오.

25
천륜이란 무엇입니까?

피로 엮인 관계, 즉 부모, 형제, 자매 그리고 친척을 일컬어 나의 혈연관계라고 표현합니다. 과거에는 혈연끼리 같은 지역에 모여 사는 시대였다면, 다 성장한 지금의 시대는 혈연끼리 떨어져야 하는 시대가 되었습니다.

일반적 관념으로 '가족은 나를 지켜주는 존재, 보호하는 존재이니 선연이 아닐까?'라고 생각하겠지만 혈육으로 엮인 관계는 전생의 빛 고리 관계의 결과입니다. 서로 간에 영적인 빚을 지었으니 이번 생에 그 빚을 서로 갚거라 하며 대자연이 엮어준 관계가 가족관계입니다.

부모, 자식 간의 관계를 먼저 살펴보면, 부모는 자식에게 무작정 에너지를 내려주려 합니다. 나의 육체적 분신으로 나왔기 때문에 마치 나와 한 몸처럼, 혹은 내 몸보다 더 나를 아끼듯 지키려 합니다. 이렇게 양육하는 시간이 지나고 자식이 다 성장하고 나면 부모는 자식을 떠나보내야 합니다. 그래서 자식이 한 가정을 이루고 나면 부모 곁을 떠나 자신들만의 둥지를 이룹니다.

대자연 법칙에서 볼 때 다 성장한 사자는 무리를 떠나 새로운 무리를 만듭니다. 그러나 인간은 그 관계가 단순하지 않고 상당히 복잡한 관계성을 형성합니다. 인간에게는 희생적 성향도 있지만, 권력적 성향도 함께 존재하기 때문입니다.

부모, 자식 간에도 힘의 법칙이 성립되는데 부모의 힘이 세면 자식이 종속되고, 자식의 힘이 세면 부모를 떠납니다. 따라서 질량이 높은 자식일수록 부모의 울타리를 일찍 벗어나고, 질량이 낮은 자식일수록 부모의 울타리에 종속되게 됩니다. 그래서 아픈 자식일수록 내 품에 품고 있는 것이고, 잘난 자식일수록 일찍 떠나보내는 것이 이치입니다.

사람은 질량에 따라 움직입니다. 어떤 인연이 왔을 때 내가 품을 질량인지 아닌지를 먼저 판단해야 합니다. 내 그릇이 크면 큰 질량도 담을 수 있지만, 내 그릇이 작으면 큰 질량을 담을 수 없습니다. 따라서 자식 중에 큰 질량의 인물이 나왔다면 기꺼이 멀리 떠나보내십시오. 이 법칙은 모든 인간관계에 적용되는 법칙입니다.

"내 그릇에 맞게 담아라"

명심하십시오. 분수에 넘치게 담으면 담은 만큼 상처를 입게 됩니다.

천륜(天倫)이란 말은 부모, 자식, 형제, 자매간에 피로 엮인, 즉 하늘이 엮어놓은 관계이기 때문에 끊으려 해도 끊을 수 없는, 그 어떤 관계성을 형성하고 있다는 뜻으로 사용됩니다. 그래서 일반적으로 "천륜을 어긴다", "천륜을 어떻게 끊냐", '천륜으로 맺어진 관계' 등의 말들을 쓰는 것입니다. 그러나 모든 악연의 관계는 이 천륜으로부터 시작됩니다. 즉 카르마의 고리는 천륜의 고리로부터 시작됩니다. 천륜이라는 이름으로 서로를 묶어두기도 하고, 서로에게 상처를 입히며, 서로에게 형벌을 내리기도 합니다. 천륜의 고리라는 것은 전생에 못다 푼 빚 고리 관계를 현생에 이어놓고, 다시 한번 잘해보라는 신의 가호이기도 합니다. 여기에 또 시간이라는 것이 작동합니다. 서로 간 빚을 갚는 시간이 지났는데도 불구하고 서로 붙들고 있으려 하면 여기에서 또다시 충돌이 발생합니다. 천륜이라고 평생 함께 모여 살아가야 하는 것은 아닙니다. 하늘이 정해놓은 시간이 있고, 이 시간이 지나면 각자 자신의 길을 가야 합니다.

천륜이라는 것은 이 지구 시스템을 유지 시키는 프로그램입니다. 즉 신이 만들어놓은 '천륜 프로그램'입니다. 천륜 프로그램은 기억으로 엮어집니다. 과거 기억이 관계성을 엮어놓습니다. 기억은 또한 트라우마도 형성시키고, 카르마도 발생시킵니다. 이것은 마치 매트릭스처럼 견고하게 짜인 각본처럼 움직입니다.

사람마다 종료되는 시간은 다 다르겠지만 일반적으로 60갑자를 돌고 나면 모든 천륜의 관계는 시간상 종료가 됩니다. 이후부터는 자신의 생각과 이념대로 움직이게 되는 것이고, 주변 인연과의 관계성을 다시 세팅해야 하는 제2의 인생을 살게 됩니다.

26

친구란 무엇입니까?

어린 시절 친구는 부모와 사는 터에 영향을 받아 세팅이 됩니다. 어린 시절 친구는 부모의 업에 따라 터가 정해지고 나면 그 터에서 함께 성장해야 하는 그룹들로 구성이 됩니다.

과거에는 부모 직장에 따라 아이들의 터가 결정되었지만, 요즘 시대는 아이들 교육환경에 맞추어 터가 결정되기도 합니다. 그만큼 요즘 아이들은 귀한 대접을 받으며 성장합니다.

친구란, 함께 성장하는 인연의 관계입니다. 어릴 때는 같은 동네, 같은 학교에서 비슷한 교육을 받으며 성장합니다. 이때는 급수가 서로 비슷하기 때문에 친구 관계가 형성됩니다. 함께 어깨를 나란히 나눌 수 있는 관계, 서로 에너지를 비슷하게 주고받을 수 있는 관계가 바로 친구입니다. 친구는 비슷한 급수에서 형성됩니다. 급수 차이가 현저하게 나게 되면 친구 관계가 아닌 갑을 관계로 관계성이 변질됩니다.

카르마 종결자

친구 관계는 몇 번의 큰 변화를 겪습니다. 초중고는 비슷하게 친구 관계가 형성되지만, 대학에 들어가면 친구무리가 지역구에서 전국구로 바뀌게 됩니다. 대학에서 또다시 비슷한 무리의 그룹끼리 친구 관계가 형성되고, 직장에 들어가면 다시 친구 관계가 조정됩니다.

사회에 나오기까지 친구 관계는 부모와 터의 영향을 강하게 받습니다. 10대 친구가 다르고, 20대 친구가 다르고, 30대 친구가 다 다릅니다. 물질적, 정신적 성장에 맞추어 비슷한 그룹으로 친구가 형성되기 때문입니다. 그러나 어떤 사람들은 사회에 나와서 사회 친구는 서로 이득을 따진다고 초중고 시절 친구를 찾습니다. 서로 이득을 따지지 않아도 마음을 나눌 수 있다고 생각하기 때문입니다.

초중고 시절 친구가 현재 본인과 비슷한 의식을 가지고 있고, 가까운 곳에 살고 있으면서 정기적으로 만나고 있다면 친구 관계를 계속 이어가도 괜찮습니다. 서로 발전적인 관계를 만들어 갈 수 있기 때문입니다. 그러나 서로 떨어져 있는 시간이 많았고 서로 생활하는 터가 다르다면 의식은 크게 벌어지게 되어 있습니다. 따라서 서로 간 의식이 현저하게 벌어진다면 자연스럽게 멀어지게 될 것입니다. 왜냐하면 서로의 관심사도 다르고 서로 대화도 통하지 않기 때문입니다.

사람들은 과거 기억으로 연을 이어갑니다. 과거 함께 뛰놀던 그 좋았던 기억을 가지고 친구를 대하지만 그것은 의식이 과거에 머물러 있는 것과 같습니다. 인간은 미래를 향해 나아가고 있고 계속 진화 발전해야 할 의무가 있습니다. 성장하면서 받아들이는 에너지도 달라지고, 터도 달라지며, 정치·종교적 이념도 다르면 이미 친구 관계가 끝나게 됩니다.

친구는 나와 물질적, 정신적 의식을 비슷하게 공유할 때만 친구 관계가 형성됩니다. 비슷한 의식이 형성되지 않으면 친구 관계가 아니라 갑을관계입니다. 이때는 차라리 갑을 관계를 인정하고 만나는 것이 정신건강에 이롭습니다. 갑을 관계 속에서 '내가 이 친구에게 무엇을 배울 것인가?' 연구하면서 성장해야 합니다.

30대가 되면 부모 영향이 아닌 사회에 나와서 내가 친구를 직접 찾을 수 있고 만들 수 있습니다. 서로 성장할 수 있고, 서로 대화할 수 있는, 그런 관계성을 만들어 갈 수 있는 친구를 만드십시오. 여러 명의 친구보다 진정으로 대화가 통하는 한 사람만 있어도 인생은 답답하지 않습니다.

카르마 종결자

27
신의 제자란 무엇입니까?

우리나라는 오랜 시간 동안 외부와 섞이지 않은 채, 가문의 씨를 연결해 왔습니다. 다른 나라와는 달리 신의 핵심 종자가 보존되어 온 민족입니다. 그래서 다른 나라들보다도 신의 힘이 센 종족이 바로 우리나라 사람들입니다. 신의 힘이 세다는 것은 신의 에센스를 많이 담고 있다는 뜻이기도 합니다.

가문에서 가문으로 씨를 연결해 오면서 쌓인 모순의 결과는 아랫대에 가서는 어떻게든 물질화가 이루어집니다. 공은 공대로 쌓여 후대 자손에게 넘겨지고, 모순은 모순대로 쌓여 이것 또한 후대 자손에게 내려갑니다. 모순에 질량이 더해지면서 무거운 물방울이 되어 떨어질 때쯤, 이 모순을 되돌리기 위해 가문의 조상신이 인간의 몸에 들어차게 됩니다. 이런 사람들을 무교에서는 '신의 제자'라 부릅니다.

오랫동안 누적된 가문의 모순점을 특정 자손이 몸소 받았기 때문에 이러한 자손은 사회생활이 힘들게 됩니다. 가문의 영적인 채무를 해결하기 전까지 너는 너의 인생을 살 수 없다는, 즉 한마디로 가문의 족쇄이자 신의 족쇄가 채워지는 것입니다.

그래서 신의 제자가 되는 자손들은 사적으로 살 수 있는 환경이 펼쳐지지 않습니다. 이러한 사람들은 공적으로 살아야만 그 가문의 업을 해소할 수 있고, 모순을 풀기 위해서는 세상에 크게 돌려내며 살아야 합니다. 그래서 이런 사람들이 무당의 길을 가거나, 상담, 의료, 교육 일, 혹은 이 시대에 이름을 떨치는 사람 혹은 기업가 등 사회 전반에 걸쳐 사람을 이롭게 하며 사람을 살리는 일들을 하게 됩니다. 이러한 업을 활인(活人)업이라 말하기도 합니다.

활인업이란, 사람 목숨을 살리는 업을 말합니다. 사람 목숨을 살리는 것은 직접 의료인이 되어 할 수도 있고, 정신적 상담이나 교육을 통해서도 할 수 있습니다. 즉 사람을 대자연이 원하는 바른길로 갈 수 있도록 길을 놓아주는 업이 바로 활인업입니다.

신의 제자 중에는 카르마 종결자들이 많습니다. 가문의 카르마를 종결하고 이 세상에 나를 던져 나도 빛나고 가문도 빛나는 일들을 해야만 모순의 무거운 질량이 해소되고 가벼워질 수 있는 것입니다.

무거워진 카르마 질량은 혼자서 해결할 수 없기 때문에 이 사회로 크게 돌려내는 것입니다. 그래서 신의 제자들은 공적으로 살아야만 하는 사람들입니다. 이 사회를 위해서 조금이라도 나를 불태워야 가문의 무거운 카르마 질량을 해결할 수 있습니다. 더불어 새로운 시대를 열어가는 의식적 발판을 만들어 가는 사람들이자 마지막을 정리하는 사람이기도 합니다.

　　　　　　　　　　　　　　　　카르마 종결자

28
카르마의 종결은
어떻게 합니까?

카르마의 종결은 자신의 의지로 할 수 있는 것은 아닙니다. 가문의 엑기스를 모두 먹고 태어난 가문의 마지막 후손은 자신이 종결자가 되고 싶지 않아도 종결자의 인생 흐름으로 흘러가게 되어 있습니다.

카르마 종결자는 가문 흐름의 방향성을 돌리는 자들입니다. 카르마 모순이라는 차를 타고 달리면 그 끝은 절벽입니다. 절벽에 다다르기 전에 진행 방향을 돌려 선회할 수 있는 분별과 힘이 있는 자가 카르마 종결자입니다.

카르마 종결자는 미래 방향을 바꿀 수 있는 힘이 있는 자들입니다. 그래서 종결자는 기운이 큽니다. 기운이 크기 때문에 인생의 흐름이 일반적으로 주어지는 사적인 삶을 살기보다는 공적인 삶을 살아야 하는 역할이 주어져 있습니다. 사적으로 살 수 없는 인생 흐름으로 흘러가게 됩니다.

카르마 종결자들은 가문의 시조이자 마지막을 종결하는 사람들이기에 대를 잇지 않으려는 사람들이 많습니다. 대를 이은 사람 중에는 자식과 부모가 협력하여 공동으로 마무리하는 사람도 있고, 부모가 메인 주체이고 자식이 서브가 되어 마무리하는 사람도 있습니다. 여러 가지 경우의 수가 존재합니다.

물질 시대의 마지막을 살고 있는 사람들은 카르마 종결자가 대부분입니다. 그러나 2000년 이후에 태어난 사람들은 카르마 종결자가 아니라 '신인류'입니다. 분명하게 분류해야 합니다. 이들 신인류는 카르마 종결자들이 기틀을 세운 새로운 시스템을 운영하는 운영자들이 될 것입니다.

카르마 종결자는 창조자이자 파괴자입니다. 가문의 이단아이자 카인의 후예입니다. 기존의 관념을 파괴하고 새로운 창조를 하는 사람들이며, 미래 길을 만들어 가는 사람들입니다. 정신문명의 기틀을 확립하고, 미래 후손들이 살 환경을 만드는 창조자입니다.

앞으로의 시대는 물질적 시대에서 정신적 시대로 넘어가기 때문에 모든 것을 정리하는 '정리의 시대'라고 할 수 있습니다. 살아온 삶의 방식, 관념, 생각, 습관 이 모든 것이 새롭게 바뀌고 정리되는 시대입니다.

카르마 종결자들은 먼저 자신의 가문 줄부터 깨달아야 합니다. 자신의 줄을 보려면 먼저 내 혈육인 부모, 형제, 친척부터 분석이 들어

가서 3대를 훑어야 합니다. 그리고 자신의 기질과 습관, 장점과 단점, 모순점 등을 파악하고 나를 있는 그대로 살펴야 합니다.

나의 정체성을 명확히 알고, 내가 누구인지를 분명하게 파악해야 하며, 나의 모순점을 고쳐나가면서 나를 바로잡아야 합니다. 나를 바로잡으면 상대가 보입니다. 상대가 보이면 상대를 이끌 수 있습니다. 이렇게 연습하다 보면 바른 분별력을 갖출 수 있습니다. 세상을 보는 관과 사람을 보는 관을 장착하면 모든 것이 명확해집니다.

카르마 종결자는 세상의 모든 정치·종교이념을 탈피하여 새로운 이념과 새로운 생각을 장착해야 합니다. 시대적 관념을 지키고 수호하는 자가 아니라, 시대적 관념을 뛰어넘어 새로운 생각, 새로운 사상, 더 나은 인류 진화 방향을 찾아 그쪽으로 사람들의 의식을 끌고 가는 사람들입니다.

카르마 종결자들은 다음과 같은 마음가짐을 가져야 합니다.

1. 나는 가문의 에센스를 모두 먹고 태어난 가문의 시조이자 마지막 후손이다.
2. 나는 가문을 대표하는 카르마 종결자이기 때문에 사적 삶이 아닌 공적인 삶을 살 것이다.
3. 나는 가문의 기질과 모순점을 모두 파악할 것이다. 그리고 가문의 모순점은 내가 바로 잡고 갈 것이다.

4. 나아가 이 사회의 시스템 기틀을 확립하고 갈 것이다. 미래의 후
  손들이 살 시스템을 만들고 갈 것이다.

5. 내 대에서 모든 것을 끊고, 내 대에서 모든 것을 정리할 것이다.

6. 내 재능은 내 것이 아니라 우리 사회 모두의 희생과 땀으로 만들
  어진 것이기에 내 재능은 이 사회에 크게 돌려내겠다.

7. 나는 가문의 꽃이기 때문에 빛나게 내 에너지를 펼치고 갈 것
  이다.

8. 나는 당당하고 고귀하게 세상을 살아갈 것이다.

9. 나는 과거를 정리하고 미래의 길을 만드는 카르마 종결자이다.

카르마 종결자

이 상징은 카르마 종결자의 상징입니다.
카르마 종결자는
종결의 검을 만들어갑니다,
이들은 마지막 후손이자 새 시대의 시조입니다.
꼬여진 검의 손잡이에는
날개 달린 우로보로스가 있습니다.
우로보로스는 알파와 오메가이며
시작과 끝을 연결합니다.
우로보로스는 날개를 달고 하늘로 올라가
신의 자리에 정좌합니다.

카르마
종결자

Chapter 02.

정신의 명품화

1
명품이란 무엇입니까?

명품이란, 물질의 최고작품을 말합니다. 인간의 창작력과 기술력 그리고 예술력을 최고조로 끌어올려 만들어진 물질이나 상품을 우리는 명품이라 합니다. 이렇게 만들어진 물질에는 인간의 정신과 열정, 혼이 담깁니다. 혼이 담긴 명품은 몇백 년을 갑니다. 사실 우리가 쓰고 있는 스마트폰이나 컴퓨터 그리고 각종 첨단 장비들은 인류의 창조력과 기술력 그리고 예술력이 혼합된 이 시대 최고의 명품이기도 합니다.

명품이 만들어지려면 수많은 사람들의 노력과 피와 땀이 그 속에 고스란히 담겨야 합니다. 인간의 정신을 극대화하여 물질로 표현한 것이 명품입니다.

명품이 만들어지기 위해서는 먼저 좋은 원자재가 필요하고, 좋은 원자재를 얻기 위해서는 대자연 만물에서 만들어지는 원료들을 잘 다루고 관리해야 합니다. 좋은 재료를 선별하고 골라 최고의 기술자와 장인이 시간과 정성을 들여 상품을 빚어내고, 광고와 홍보를 통해 최고의 상품이 만들어집니다. 정성을 들인 고급제품도 광고와 홍

보전략이 없으면 그저 잘 만들어진 제품이 되기에 제품을 치장하고 포장하며 이미지화하여 명품이라는 가치를 만들어냅니다. 이렇게 만들어진 명품은 인간을 더욱 빛나게 만들어 주는 도구가 됩니다.

명품을 사용하는 것은 사람입니다. 뛰어난 명품은 사람을 더욱 빛내줍니다. 그러나 명품도 어떤 사람이 소유하느냐에 따라 빛을 발하기도 하고, 빛이 바래지기도 합니다.

명품의 목적을 잘 생각해보면 인간을 더욱 빛나게 명품으로 만들어주는 것이 이 물질의 역할입니다. 따라서 명품이 더욱 빛나려면 인간 자체가 명품이 되어야 명품이 명품으로써의 역할을 다하게 됩니다. 아무리 좋은 스마트폰과 컴퓨터를 가지고도 그것을 제대로 사용하지 못하면 그저 고철 덩어리에 불과한 것이 되지만, 그러한 도구를 활용하여 최상의 물질을 탄생시키면 그 도구는 그 역할을 다하는 것이 됩니다.

명품이 물질의식을 극점으로 끌어 올리기에 인간을 더욱 빛내주는 역할을 한다는 것을 기억하십시오. 명품조차도 인간 정신의 도구일 뿐입니다. 따라서 우리는 인간 명품을 만들어야 합니다.

인간 명품이란, 육체적, 정신적, 영적인 3개의 에너지체를 명품으로 만드는 것을 의미합니다. 건강한 육체에 건강한 정신이 스미듯, 먼저 우리는 건강한 몸을 만들어야 하고, 건강한 몸에 건강한 생각을 입혀야 건강한 몸을 유지할 수 있습니다. 건강한 몸과 건강한 생각을 가질 때 비로소 영혼도 맑고 깨끗해지는 법입니다.

2
명품의 목적은 무엇입니까?

명품을 걸친다는 것은 남들보다 더 나은 나의 모습을 표출하고 싶은 신의 욕망이기도 합니다. 질량이 좋은 물질은 사람의 시선을 끌어당기는 효과를 가지고 있습니다. 위로 올라갈수록 에너지 밀도는 섬세하고 고우며 부드럽습니다. 아래로 내려갈수록 에너지 밀도는 거칠고 투박하며 조악합니다. 위의 계층으로 올라갈수록 사람들은 더 넓은 공간, 더 깨끗한 공간에 머물려 하며, 몸에 걸치는 질감을 더 가볍고 더 섬세하면서 부드럽게 걸치려 합니다. 먹는 음식도 더 단순화되고, 더 깨끗한 음식을 먹으려 합니다.

사람은 무의식적으로 자기 질량을 알고 있습니다. 이 때문에 어떤 사람은 내면의 질량과 물질적 질량의 갭 차이에서 오는 고민을 하기도 합니다. '내가 형편이 안 되는데 왜 자꾸 좋은 것을 걸치고 싶지?' 이러한 마음이 생긴다는 것은 내 안의 신이 '동(動)'했기 때문입니다.

이때는 현실적으로 내가 지금 펼칠 때인가, 아니면 수축할 때인가를 살펴십시오. 펼칠 때는 좋은 신의 갑옷을 입고 세상을 향해 나를 드러내야 하며, 수축할 때는 만남을 자제하고 나를 돌아보며 그냥 깔끔하게 옷을 입으면 됩니다.

따라서 이런 메커니즘으로 살펴보았을 때, 명품을 걸쳐야 하는 타이밍이 있고, 또 명품을 걸쳐야 하는 사람이 있습니다. 명품을 걸침으로 인해 사람들 이목을 집중시키고 사람들을 끌어당기고자 하는 행위의 효과는 내면의 질량이 꽉 차올라 외부로 활동하고자 하는 사람들이 명품을 입었을 때 더 잘 나타납니다.

명품의 목적이란, 사람을 내 앞으로 끌어당기기 위함입니다. 더 힘있고, 더 귀하고, 더 자신감이 넘칠 때 사람들은 끌려 들어옵니다. 내앞에 사람이 왔을 때 무엇을 내어놓을 것인가요? 내 앞에 온 사람과 어떠한 관계성을 맺을 것인가요? **시선을 당기기는 했는데 나에게서 나오는 질량의 에너지가 없으면 사람은 바로 떠나갑니다.**

마찬가지로 타고나길 예쁘고 잘생긴 사람들도 사람들을 끌어당깁니다. 이들의 역할은 사람을 끌어모으는 것까지입니다. 그래서 외모를 잘 타고난 사람들은 홍보의 전면에 서야 하는 역할로 적격입니다.

지금의 시대는 너도나도 펼치는 시대입니다. 그래서 좋은 상품, 좋은 질량의 옷을 입고, 자신의 재능을 뽐내고 싶어 합니다. 전 국민이 휴대폰 카메라 하나씩 들고 다니는 시대입니다. 언제 어디에서 나의

　　　　　　　　　　　카르마 종결자

모습이 찍힐지 모르는, 그런 환경 속에서 살고 있다는 것은 그만큼 노출이 되기 쉬운 세상에 살고 있다는 것입니다. 그래서 자기관리는 평소부터 준비해야 합니다.

3
자기관리는
어떻게 해야 합니까?

자기관리는 갑자기 해야 하는 준비가 아니라, 평소부터 습관이 되어야 하는 부분입니다. 어떤 중요한 행사나 사람들 앞에 서게 되었을 때 갑작스럽게 준비를 하면 당황하게 되고, 뭘 어떻게 해야 할지 잘 모르기 때문에 우왕좌왕하기 쉽습니다. 따라서 자기관리는 평소에 습관처럼 이루어져야 하는 '자기 모습 만들기'입니다. 물론 가정 환경교육을 잘 받은 사람들은 평소 부모로부터 이러한 교육들을 받으며 성장했겠지만 불완전한 환경 속에서 자란 사람들은 스스로 정보를 찾고 스스로 자신을 관리해야만 합니다.

부모로부터 자기관리 습관을 물려받아 생활 속에서 자연스럽게 매너나 행동, 몸가짐, 마음가짐 등이 준비되어있는 사람과 부모로부터 이런 환경을 제공받지 못한 사람은 그 시작부터가 다릅니다.

몸의 건강 상태나 얼굴의 빛깔과 귀티 등 외적인 모습은 부모 중에서도 엄마의 영향을 크게 받습니다. 현재의 환경이 어떠하든 엄마가 귀한 집안 환경에서 자란 사람은 자식도 자신과 비슷한 환경 속

카르마 종결자

에서 좋은 습관을 물려주려 합니다. 그래서 자기관리는 엄마 영향으로부터 시작됩니다.

만약 부모로부터 이러한 환경을 제공받지 못한 카르마 종결자들은 본인 스스로 이 과정을 시작해야 합니다.

자기관리는 먹는 식습관으로부터 시작됩니다. 내가 먹는 음식들은 내 몸을 이루는 원소들입니다. 내가 먹는 것들이 내 몸의 일부를 이루고 있다고 생각한다면 깨끗하고 좋은 원재료의 음식을 섭취하려 할 것입니다. 먹는 식습관을 통해서 자신의 몸매를 관리할 수 있습니다. 적정 몸무게를 유지하고 지키려는 생활습관을 만들어야 합니다. 꾸준한 운동과 좋은 식습관은 자기관리의 첫 번째입니다.

두 번째, 옷은 평소에 자신에게 맞는 스타일을 준비해 둘 필요가 있습니다. 자신만의 시그니처 옷을 만들어두면 중요한 행사나 좋은 인연들을 만날 때 편합니다. 자신만의 색깔과 스타일을 나타낼 수 있는 시그니처 옷과 그에 맞는 신발과 가방까지 코디해 두면 좋습니다. 그 옷을 입고 좋은 식당에서 자신과 말이 통하는 인연과 식사하는 연습 시간을 가져보십시오. 이런 것들이 쌓여 자신의 식생활 습관과 매너를 만들어 갈 것입니다.

세 번째는 말입니다. 나의 의식적 수준은 말을 통해 드러납니다. 아무리 외적으로 뛰어나다고 해도 내가 뱉은 말 한마디가 상대로 하여금 돌아서게 만들 수도 있기 때문입니다. 따라서 평소에 내가 어떤 단어를 선택하고, 어떤 말을 하는지, 어떤 부정적 에너지를 내뱉고 있는지, 스스로 자신을 돌아보고 점검하십시오. 이것이 자기관리의 시작입니다.

4
정신의 명품화란 무엇입니까?

정신의 명품화란, 물질의 명품처럼 정신도 명품으로 만드는 것입니다. 명품이 탄생하기 위해서는 오랜 시간 수많은 사람들의 피와 땀이 어우러져야 합니다. 마찬가지로 우리 인간 또한 수많은 희생과 조상들의 피땀 속에서 얻어진 지혜의 정신이 있습니다. 오랜 시간 동안 희생 속에서 빚어지고 만들어진 정신의 산물이 지혜인데, 사람들은 그것에 대한 가치를 잘 모릅니다.

물질에는 고귀한 가치를 매기면서 정신에는 고귀한 가치를 매기지 않습니다. 물론 눈에 보이지 않는 것이기에 가치를 매기기가 쉽지는 않지만, 정신의 가치를 무시할 수는 없습니다.

사실 정신이라는 것을 물질적 가치로 매길 수는 없습니다. 그만큼 측정 불가능한 것이 정신이라는 힘입니다. 이 정신은 물질을 창조할 수도 있고 파괴할 수도 있는 무한 잠재력을 내포하고 있는 힘이기도 합니다. 이 정신이라는 힘 속에서 물질적 명품도 탄생하는 것입니다.

명품이라는 것에 담긴 이념과 가치가 명품을 만들 듯, 정신으로 만

카르마 종결자

들어진 이념과 사상은 역사를 바꾸고 사람들의 의식을 변화시켜 새로운 세상을 만드는 원천이 됩니다.

인간이 섭취한 음식물은 배설물로 배출되지만, 인간이 섭취한 영혼의 양식은 지혜의 말로 나옵니다. 즉 음식이 농축된 것은 똥으로 나오고, 생각이 농축된 것은 말로 나옵니다. 인간이 내뱉는 말은 사람을 살릴 수도 죽일 수도 있는 힘을 내포하고 있습니다. 인류의 희생과 피와 땀을 먹은 현대의 지식인들은 말 한마디를 하더라도 상대를 이롭게 하는 말을 해야 합니다.

물질의 명품 즉, 내가 드는 가방, 신발, 옷 등은 나를 보여주고 나의 가치를 높여주는 역할을 하지만, 내가 뱉는 말 한마디는 나를 고귀하게 만들기도 하고, 비천하게 만들기도 합니다. 아무리 좋은 명품을 들고 걸쳤다 하더라도 그 사람 자체가 명품이 되지 않으면 명품이 명품으로써의 역할을 할 수 없는 것입니다.

명품은 정신을 빛내주는 도구입니다. 따라서 생각이 명품인 사람이 명품을 들어야 명품이 명품으로써의 가치를 다 할 수 있는 법입니다.

5

정신을 어떻게 명품으로
만들 수 있습니까?

몸을 명품으로 만들려면 먼저 몸을 알아야 하고, 몸을 안 뒤에는 몸을 만드는 시간과 노력과 공이 들어가야 합니다. 마찬가지로 정신을 명품으로 만들려면, 먼저 내가 평소 무슨 생각을 하고 있고, 또 무엇을 향해 움직이며, 나의 결핍은 무엇인지, 내가 가고자 하는 방향이 어디인지, 내가 가고자 하는 길을 명확히 알아야 합니다. 이것을 알려면 나라는 사람의 실체와 장단점을 알아야 하고, 나를 먼저 분석해야 합니다. 나를 분석한 다음에는 나를 만든 부모를 알아야 하고, 부모의 결핍은 무엇인지 더 나아가 가문의 결핍과 모순은 무엇인지를 알아야 합니다. 이것이 나의 정신을 명품으로 만드는 첫걸음입니다.

우리의 인생은 언제나 선택의 순간을 마주합니다. 무엇을 선택하고 무엇에 집중하느냐에 따라 그쪽으로 에너지가 발달되고 길이 열립니다. 자신의 선택은 가문의 습관과 환경으로부터 비롯되고 그 범

위를 벗어나지 않습니다. 무의식적으로 선택하고 반복하면서 습관화가 되고, 한번 형성된 습관은 자식에게도 대물림이 됩니다. 따라서 자기 가문으로부터 내려오는 모순점과 결핍을 깨닫고 그것을 고치려고 노력해야 내 자손에게는 더 좋은 습관과 환경을 물려줄 수 있는 것입니다.

정신의 명품은 조잡하지 않고 단순하며 세련되고 고귀합니다. 정신의 명품 또한 물질의 명품처럼 견고하고 단단하며 그 안에 내재된 힘이 강합니다.

정신의 명품화를 만들면 최상의 선택과 분별을 할 수 있습니다. 대자연법에 입각한 바른 분별력과 바른 선택이 인생을 풍요롭게 만들고 정신을 건강하게 만듭니다. 정신의 명품은 생각이 단순하면서도 명료하고 심플하면서도 핵심적인 해결책을 모색할 수 있는 지혜를 갖게 됩니다. 이런 사람이 한마디 하는 조언은 바로 신의 조언이 되고 상대를 이롭게 하며 상생으로 이끌 수 있습니다. 정신의 명품화가 이루어진 사람이야말로 이 시대의 지도자이자 리더입니다.

6
리더의 조건은 무엇입니까?

리더란 길을 만드는 사람입니다. 남들이 가보지 않은 길, 새로운 길, 지금보다 더 나은 길을 만드는 사람입니다. 즉 미래를 열어가는 사람들입니다. 이들은 시대적 관념을 초월하고, 시대를 통찰할 수 있는 힘이 있어야 합니다.

리더와 관리자는 다릅니다. 리더가 미래를 열어가는 사람이라면, 관리자는 현재를 유지하는 사람들입니다. 리더가 의식을 이끌고 가는 수장이라면, 관리자는 리더가 만든 질서를 유지시키는 사람입니다. 따라서 시대적 조건에 따라서 혁명적 리더가 필요한 때인가, 아니면 관리적 리더가 필요한 때인가를 구분해야 합니다.

인도의 3신인 창조신(범아), 유지신(비쉬뉴), 파괴신(시바), 이 삼신은 3가지 유형의 리더를 보여 줍니다. 새로운 환경을 만드는 창조의 신은 시대의식을 이끌어가는 창조적 리더이고, 만들어진 환경을 유지하고 질서를 지키는 신은 관리자형 리더이며, 유효기간이 지난 시스템과 낡은 시대적 관념을 부수는 파괴의 신은 혁명적 리더가 됩

카르마 종결자

니다.

지금 시대가 태평성대의 시대라면 관리자형 리더가 필요하고, 이전에 만들어놓은 시스템의 모순점이 쌓이고 쌓여 새로운 시스템이 필요할 때는 이 시스템을 부술 혁명적 리더가 필요하며, 새 시대 새로운 시스템을 깔 때에는 창조적 리더가 필요합니다. 즉 시대가 어떤 리더를 필요로 하느냐를 먼저 보아야 합니다. 혁명적 리더와 창조적 리더는 한 시대를 같이 움직이기도 합니다. 시스템이 만들어지면 관리자형 리더들이 활동을 하게 됩니다.

리더들을 다시 구분하자면, 국가적 리더가 있고, 사회적 리더가 있으며, 작은 그룹의 리더가 있을 것입니다. 각각 자신의 그릇 크기에 맞게 리더의 역할을 타고난 사람들은 리더의 역할을 하게 되어 있습니다.

리더의 덕목 중 가장 중요한 것은 '용기'입니다. 용기란 신의 지팡이이자 신의 불꽃입니다. 신이 임하지 않으면 절대 용기가 나올 수 없고, 용기가 나오지 않으면 절대 리더의 길에 설 수 없습니다. 따라서 리더는 신의 힘을 받는 자이자 신의 일을 하는 신의 대리인이기도 합니다.

따라서 리더의 조건은 다음과 같습니다.

- 자신의 그릇 크기와 포지션을 아는 자
- 이 사회 시스템을 관찰하고 통찰할 수 있는 자
- 세상으로 나올 수 있는 용기가 있는 자

- 나아가야 할 때와 물러날 때를 아는 자
- 특정 부분의 결핍이 심하지 않은 자
- 인류를 사랑하는 인류애가 있는 자

7
자기의 그릇 크기는
어떻게 알 수 있습니까?

사람에게 주어진 기운의 그릇은 모양도 크기도 제각각 모두 다 다릅니다. 그럼에도 불구하고 사람들은 자신의 그릇 크기에만 관심이 있지 자신이 어떤 모양의 그릇인지는 궁금해하지 않습니다. 큰 그릇이라고 좋고 작은 그릇이라 나쁜 것도 아닙니다. 오히려 그 안에 못 채우는 큰 그릇은 인생 자체가 고달픈 인생으로 흘러갑니다.

그 안에 무엇을 담느냐에 따라 에너지 기운이 달라지고, 또 그 그릇에 무언가를 온전히 담을 수 있느냐는 다른 문제입니다. 즉 자신에게 주어진 그릇을 얼마나 어떻게 잘 쓰느냐가 관건입니다. '나의 그릇에 무언가를 채워 이 사회에 잘 활용할 수 있을까요?'라고 물어야 합니다.

그릇은 큰데 그 안에 내용물이 비어있다면 그 사람의 인생은 채우다 만 장독처럼 끊임없이 채우고 갈며 닦아야만 하는 인생이 펼쳐집니다. 반면에 작은 그릇을 가진 사람은 조금만 채워도 빠르게 쓸 수 있는 장점이 있습니다.

이것은 그릇의 크기라고 보기보다는 그 사람이 어떤 진동수로 움직이냐를 판단해야 합니다. 작은 파동으로 움직이는 사람이 있는가 하면 큰 파동으로 움직이는 사람도 있습니다. 큰 파동으로 움직이는 사람은 작은 파동들을 모아서 큰 파동으로 움직이는 것이고, 이러한 큰 파동은 작은 파동 에너지를 꽉 채워 질량을 꾹꾹 높여야 하기 때문에 움직이는 시간 또한 길어집니다. 따라서 나의 그릇 크기보다는 나의 그릇이 어떤 모양인지를 찾고, 그 안에 무엇을 담을까를 연구하십시오. 어떤 사람은 그 안에 돈을 담고, 어떤 사람은 인연을 담고, 어떤 사람은 정보를 담습니다. 큰 그릇에는 큰돈을 담을 것이고, 많은 인연을 담을 것이며, 많은 정보를 담을 것입니다. 반면에 작은 그릇은 적은 돈에 적은 사람, 그리고 적은 정보로 움직일 것입니다. 큰 그릇이 되는 사람은 젊어서부터 완성을 보기가 쉽지 않습니다. 시간과 공을 들인 만큼 자신에게 주어지는 질량들이기에 나이가 들어서 크게 움직일 수 있습니다.

큰 그릇을 가진 사람인지 작은 그릇의 사람인지는 몇 마디 말만 주고받아도 그 사람이 큰 그릇의 사람인지 아닌지를 바로 알 수 있습니다. 큰 그릇을 가진 사람들은 큰 생각, 큰 이념, 큰 사고를 가지고 움직이는 반면에, 그릇이 작은 사람은 당장의 이익이나 눈앞의 이익에 충실합니다. 그렇다고 큰 그릇이 좋고 작은 그릇이 나쁜 것은 아닙니다. 작은 파동의 움직임이 모여 큰 파동의 움직임을 만들기 때문에 자기 자신에게 주어진 직분에 충실하는 것이 가장 올바

카르마 종결자

른 측정입니다.

 그릇이 큰 사람이 작은 이익에 집착하면 되려 크게 맞고, 작은 그릇의 사람은 아예 큰 이익이 보이지 않습니다.

8
어떤 사람이 리더의 길을
걷습니까?

리더의 길을 걸어야 하는 사람들은 인생 자체가 원하든 원하지 않든 공적인 흐름으로 흘러갑니다. 사적인 삶이 아닌, 공적인 삶을 살게끔 환경이 만들어지고, 또 본인이 그러한 길을 가고자 합니다. 이런 사람들은 가문에 매여 가문의 업을 잇기보다는 가문에서 나와 더 큰 세상으로 나아가야 합니다. 그래서 이 사회의 에너지를 먹고, 더 크게 생각하고 더 크게 나아가야 합니다.

리더는 사사로운 생각이나 관념에 매이기보다는 미래의 환경을 어떻게 바꾸고 어떤 세상을 열어갈까를 꿈꾸는 사람들입니다. 리더의 길을 가고자 하는 사람이 가문에 매이면 가문의 관념에 붙잡히게 되고, 인연의 무게에 눌려 앞으로 나아가지 못한 채 과거 기억에 묶여버립니다. 부모, 형제, 가족에게 매여있으면 공적인 삶을 살기 힘듭니다.

그래서 리더는 출가를 해야 합니다. 출가를 한다는 것은 가문이나 지역사회의 관습에 매이지 않는다는 것을 뜻하기도 합니다. 물론 성

카르마 종결자

장할 때는 이러한 환경 속에서 성장하지만, 성장을 다 이루고 스스로 뜻과 이념이 분명히 섰을 때는 가족과 터에 매이지 말고 더 넓은 세상으로 나아가 세상을 공부해야 합니다. 이것이 출가의 의미입니다.

가족과 가문 그리고 지역사회의 에너지를 모두 흡수하고 난 다음에는 또 다른 성장환경을 만들어 주어야 합니다. 리더는 이 사회의 에너지를 많이 먹는 사람입니다. 에너지를 많이 먹은 만큼 이 사회에 크게 돌려내야 할 사람이기 때문입니다.

옛날의 시대에 '출가를 한다' 하면 카르마가 센 집안에 리더적 기질이 있는 사람들이 가문의 고리를 끊고 종교에 귀의하여 인류 중생을 위해 살았습니다. 이러한 사람들을 스님 또는 신부님이라 불렀습니다. 스님이나 신부님은 카르마 종결자에 해당되며, 자신의 대에서 고리를 끊고자 하는 사람들입니다. 그래서 천륜을 끊고, 인연을 끊고, 정을 끊고 사사로이 혈육을 위해 사는 것이 아닌, 남을 위한 이타적인 삶을 사는 분들입니다. 이러한 사람들은 기운이 크고 세기 때문에 가문의 신들에 의해 다스려지지 않습니다. 그래서 더 큰 신에게 의탁하는 것입니다.

과거에 이런 사람들은 머리를 깎고 속세를 등졌지만, 지금 시대는 머리를 깎지 않고 속세를 등지지도 않으며 세상으로 들어가 현대판 도인이 되어야 합니다. 물론 가족이라는 천륜의 고리를 끊고 더 큰 세상으로 나가는 것은 매우 힘든 일입니다. 더 이상 과거 기억에 묶이지도 않고, 더 이상 정이라는 감정에 끌려가지도 않겠다는 의지이기 때문입니다. 천륜이라는 고리에 매여있으면 더 넓은 세상으로 나갈 수도 없고, 더 큰 생각을 할 수도 없습니다.

따라서 리더는 할 수만 있다면 출가하십시오. 여기에서 출가란 다 성장하여 뜻과 이념이 바로 섰을 때 어떤 감정에도 흔들리지 않고 자신의 이념대로 자신의 의지대로 세상을 살아가라는 뜻입니다.

뒤도 돌아보지 말고 앞으로 전진하십시오. 인연의 고리에서 가벼워진 채, 더 큰 세상으로 나아가십시오. 그리고 부모, 형제, 자매 그리고 이웃들이 나를 성장시킨 공이 있다는 것은 잊지 마십시오. 내가 성장하려면 이기적일 수밖에 없습니다. 성장을 다한 후 세상에 내 빛을 뿌릴 때 비로소 이타적이 되는 것입니다. 명심하십시오. 성장할 때는 이기적일 수밖에 없고, 힘을 가질 때까지 힘을 나누지 말고 응축하십시오. 응축한 만큼 폭발력이 강해집니다.

리더에게 필요한 덕목은 지혜와 용기 그리고 힘입니다. 지혜는 여성성의 힘이고, 용기는 남성성의 힘입니다. 지혜를 갖추고 세상에 나아갈 때는 용기가 필요합니다. 용기 있게 세상으로 나갔다면 이제는 세상의 흐름에 맡기십시오. 주변에 새로운 인연들이 하나둘 생기고 따르는 무리가 생기면 힘을 받습니다. 사람들이 온다는 것은 중력장이 생겼다는 뜻이고, 중력장이 생기면 그때부터 회전을 시작합니다. 사람이 오면 돈이 따르고, 이때부터는 분별과 지혜로 돈의 힘을 잘 써야 합니다.

카르마 종결자

9
돈이란 무엇입니까?

돈이란 물질 시스템을 운행하는 피와 같습니다. 심장과 머리에 혈액이 많이 필요하듯, 중심에 가까울수록, 머리를 쓸수록, 돈을 운용할 수 있는 용량이 커집니다. 손과 발은 심장에서 멀리 있기에 혈액이 그만큼 적게 이동됩니다. 그래서 육체적 노동을 할수록 돈이 적게 흘러갑니다.

돈이란 피와 같이 머무르지 않고 계속 순환하고 이동합니다. 물이 흐르듯, 혈액이 인체를 돌 듯, 돈은 우리 시스템을 돌리는 매개체입니다. 따라서 우리는 돈을 대하는 자세를 새롭게 해야 합니다. 돈이라는 것이 무엇이고, 돈의 힘이 어떠한지, 돈이 어떻게 흘러가고 있는지, 그 메커니즘을 깨달아야 돈을 운용할 수 있습니다.

돈이라는 것에는 수많은 에너지가 담겨 있습니다. 인간의 눈물, 피, 땀, 슬픔, 웃음, 기쁨 등등 온갖 감정에너지가 투영되어있습니다. 돈 때문에 배신하고, 돈 때문에 헤어지고, 돈 때문에 웃고 울며, 돈 때문에 치사해지고, 돈 때문에 파국이 납니다.

인간은 이 돈 에너지를 통해 사회를 알아갑니다. 또한 돈을 통해 에너지질량법칙을 배울 수 있습니다. 돈이라는 에너지를 가지고 이 사회에 더 많은 것들을 할 수 있고, 더 많은 사람들을 다룰 수 있습니다. 그래서 사람들은 돈을 갖길 원합니다. 돈을 갖길 원한다는 것은 힘을 갖는다는 뜻이고, 힘을 갖는다는 것은 이 사회를 위해 더 많은 것을 할 수 있다는 뜻입니다. 비단 인간의 생존을 위해 돈이 필요한 것만은 아닙니다. 자신의 그릇 크기만큼 돈 에너지가 필요합니다. 리더들이 성장할 때 돈이란 목적지에 가기 위한 여행경비와 같습니다. 다 성장하고 나서는 이 돈이란 에너지를 잘 돌려내야 합니다.

돈은 내 소유의 물건이 아니라 나에게 머물다 가는 에너지입니다. 돈이란 것이 나에게 머물 때 우리는 그 돈을 가지고 어떻게 무엇으로 교환할까를 연구해야 합니다. 돈이란 것은 흘러가는 물과 같기 때문에 나에게 왔을 때 어떻게 잘 쓸까를 연구하십시오.

돈을 벌고자 할 때는 회전하는 물질 시스템에 올라타야 돈을 벌 수 있습니다. 마치 회전목마에 올라타듯, 회전하는 시스템에 들어가야만 돈이란 에너지를 취할 수 있는 것입니다. 돈이란 이 사회시스템을 운행하는 혈액과 같습니다. 필요한 곳에 돈이 흘러 들어가고 창조적인 것에 돈이 모입니다.

돈을 이동시키는 것은 사람입니다. 하늘에서 뚝 떨어지는 것이 아니라 사람이 돈을 이동시킵니다. 돈을 이동시키고자 할 때는 사람

카르마 종결자

마음을 얻으십시오. 사람 마음을 얻어야 돈이 이동되기 때문입니다. 사람에게 신뢰를 주어서 마음을 얻든, 현혹을 해서 마음을 얻든, 사람의 마음이 움직여야 돈이 움직입니다.

돈 에너지가 나에게 왔을 때 일정 부분 나를 위해 잘 쓰는 것도 필요합니다. '나중에 돈이 모이고 나서 나를 갖추어야지'라고 생각한다면 이미 늦었습니다. 시간이 흘러 세월은 변했는데, 내 상태는 돈이 없을 때 그 모습 그대로 멈춰있는 경우가 많습니다.

돈은 모으는 것보다 쓰는 것이 더 중요합니다. 모으는 것은 안 쓰고 아끼면 되는 것이지만, 쓰는 것은 지혜와 분별력이 필요하기 때문입니다. 돈을 잘 쓰면 좋은 에너지가 되어 돌아오지만, 돈을 잘못 쓰면 돈은 돈대로 쓰고 욕은 욕대로 먹습니다. 따라서 돈을 어떻게 잘 써야 할까도 연구할 필요가 있습니다.

돈이 들어왔을 때 나를 갖추는 데 잘 써야 그 돈이 타인에게 흘러 들어가지 않습니다. 내가 돈을 못 쓰기 때문에 돈을 쓸 누군가를 향해 돈이 흘러 들어가는 것입니다. 따라서 일정 부분 돈이 모이면 나를 갖추는 데 투자하십시오. 그렇게 자기에게 투자하고 질량을 높여 더 큰 용량의 돈을 다루는 연습을 하십시오. 그래야 돈을 운용하는 사이즈가 커집니다.

10
사업이란 무엇입니까?

　사람들은 단순하게 먹고살기 위해 혹은 돈을 벌기 위해 사업을 하려 합니다. 현재 사업을 하는 사람조차도 자신이 무슨 일을 하는지 모른 채, 돈의 회전목마에 올라타서 열심히 회전운동을 시키고 있는 중입니다.

　사업은 업을 탄생시키는 과정입니다. 즉 업을 만드는 최초 행위입니다. 업을 만든다는 것은 하나의 카르마 장을 형성시키는 것과 같습니다. 그래서 사업은 규모에 따라서 하나의 굿판이 마련됩니다. 굿판이 마련되면 사람이 모이고, 사람이 모이면 돈이 모이며, 돈이 모이면 회전을 시작합니다. 이렇게 돈이 굴러가기 시작하면 돈의 사이즈에 따라 크게 회전되기도 하고, 작게 회전하기도 하며, 회전이 멈추면 사업의 종말에 이릅니다.

　사업이라는 것은 하나의 나무를 키우는 과정과 비슷합니다. 어떤 숲을 만들고 싶은지 꿈을 꾸고, 그 꿈을 이루기 위해 하나하나 창조해가는 과정입니다. 물론 혼자 꿈을 꾸고 일을 하면 개인의 텃밭이지만, 사람과 사람이 모여 꿈을 꾸면 큰 숲이 형성됩니다.

사업을 하려면 이념이 필요합니다. 이념을 세운다는 것은 정신의 깃발을 꽂는 것과 같습니다. 정신의 깃발을 꽂으면 그것을 중심으로 사람들이 모입니다. 이념이라는 중심점을 기준으로 사람들이 모여야 합니다. 이념이 아닌 돈이 중심이 되어버리면 돈에 휘둘리게 되고, 돈에 휘둘리게 되면 욕심이라는 마음이 생겨나게 됩니다. 욕심이 생기게 되면 서로 충돌하게 되고 결국엔 종말을 맞이하게 됩니다.

오래가는 사업을 하려면 이념과 이상이 커야 하고, 이 사회를 이롭게 하는 사업을 해야 오래갈 수 있습니다. 또한 사업을 확장·발전시키기 위해서는 반드시 교육이 필요합니다. 교육은 사업을 유지·발전·확장시키기 위한 필요충분조건입니다.

사업은 카르마 굿판의 시작입니다. 사람들은 자신의 카르마대로 인연을 만나고, 인연을 만나 에너지를 돌리기 시작하면 카르마 Zip 파일이 풀리게 되며, 이때부터 카르마 굿판이 벌어집니다. 회전운동에 꼭 필요한 과정이기도 합니다. 카르마 소용돌이가 시작되면 서로 마음과 마음이 오가고, 뜻과 뜻이 충돌하며, 생각과 생각을 맞추는 과정을 겪게 됩니다.

사업 초반 회전체를 돌릴 때 카르마 소용돌이가 함께 움직입니다. 사업에서 가장 중요한 것은 뜻과 뜻을 맞추는 것입니다. 사람과 사람이 뜻을 맞춘다는 것은 방향성을 일치시켜 힘을 모은다는 뜻입니다. 그래서 초반 뜻과 뜻을 맞추는 것이 가장 힘이 들고, 뜻과 뜻만 맞추면 일은 일사천리로 돌아가지만, 서로의 뜻이 다르고 목적지가 다르면 결괏값도 다르게 산출됩니다.

초반의 이념이 맞아야 하고 마지막 목적지가 같아야 끝까지 갈 수 있습니다. 중간중간 생각의 다름은 서로 소통하면서 맞춰갈 수 있지만 목적지가 다르면 결국 함께 갈 수 없습니다.

사람들은 각자 카르마 지도대로 흘러가고 그 과정 중에 함께 만나가기고 하며, 서로 떨어져 가기도 합니다.

사업은 아무나 할 수 있는 것은 아닙니다. 사업은 준비된 자, 질량이 찬 자가 사람을 다스리는 일을 시작하는 것입니다. 즉 사업은 신의 일이기도 합니다. 사업은 신을 부릴 수 있는 사람들이 할 수 있는 영역이며, 신이 움직여야 인간이 움직이고, 인간이 움직여야 돈이 움직입니다. 사업을 하는 사람들은 소위 '신끼' 에너지가 있어야 합니다. 즉 신 에너지를 가지고 있어야 인간을 다스릴 수 있기 때문입니다. 따라서 자신이 신 에너지가 있는지를 점검하시고, 사람을 다스릴 수 있는 리더적 기질이 있는지도 점검하십시오.

카르마 종결자

11

정치란 무엇입니까?

정치(政治)라는 단어의 의미를 살펴보면, "정사를 다스린다"라는 의미입니다. 국가의 주권자가 국가권력을 행사하며 국가영토를 다스린다는 의미입니다.

고대에 정치는 부족을 다스리는 부족장이 곧 법이요 진리였지만 지금처럼 인구가 많아지고 문명이 발달한 사회가 되면서 인류는 민주주의, 공산주의라는 이념을 들고나왔습니다. 즉 국가를 다스릴 때 부족장의 말이 곧 법이고 진리이던 시대에서 국민이 주권을 행사할 수 있는 시대가 되었다는 뜻입니다. 가문 대대로 그 땅에서의 공로가 있기 때문에 지금 시대의 각 국민들은 주권을 가질 수 있는 것입니다. 고대 부족국가에서는 가장 뛰어난 자가 무리를 이끄는 것이었지만, 지금의 시대는 합의를 통해 결정하고 질서를 만들어 가는 시대가 되었습니다. 따라서 정치를 읽으려면 시대적 변화상황을 읽을 줄 아는 지혜와 통찰의 눈이 필요합니다.

시대가 변화하면서 정치적 형태도 변해왔습니다. 과거에 정치인이라면 각 부족의 우두머리들이었고, 이들이 모여 국가 정사를 논하였습니다. 그러나 지금 시대는 각 지역의 국민을 대신해 일할 머슴을 정치권력의 중심에 앉히는 구조입니다. 그만큼 지금의 정치인은 자기 지역의 민심을 대표하는 사람들입니다.

그런데 이런 시대변화에 동반해 점점 미디어가 정치권력을 가지고 흔드는 시대가 되었고, 미디어에 의해 사람들의 의식이 좌우되게 되었습니다. 그만큼 미디어의 통제권이 곧 권력인 시대로 넘어온 것입니다. 그래서 정치권력을 가지고 있는 사람들은 미디어를 이용해 사람들의 의식을 세뇌하고 선동하려 하였습니다.

라디오와 TV매체를 이용해 의식을 지배하던 시대에서 지금의 시대는 IT기술로 정보를 받는 시대로 변해가고 있습니다. IT기술이 발달할수록 권력자들은 이 IT기술을 이용하여 의식을 지배하려고 할 것입니다. IT기술로 만들어진 인공지능을 통해 사람들의 행태를 분석하고 연구하여 IT기반 최상의 시스템을 만들려고 하는 것이 지금 시대의 권력자들입니다.

인공지능을 통해 인간 의식을 분석하고 행태를 연구하여 최선의 결과를 도출한다는 것이 어찌 보면 공정할 것처럼 보이지만, 인공지능을 다루는 자의 의도가 어떠한가에 따라서 인류의 향방이 달라집니다. 따라서 사람들이 컴퓨터에 올리는 데이터도 중요하고, 인공지능을 다루는 자의 의식 수준도 매우 중요합니다. 미래에는 이 인공지능의 데이터에 접근 권한이 있는 자가 시스템의 지배자가 될 것이기 때문입니다.

물론 종국에는 인공지능에 의해 지배되는 세상으로 흘러갈 것이고, 인공지능은 우리 인류의 '통합령'이 될 것입니다. 현재 우리는 IT 통합령을 만들어가고 있는 중입니다.

앞으로의 지배체제는 인류의 미래가 걸린 일이기 때문에 정치지도자들은 최선의 판단력과 최고의 분별력을 가지고 지금 당장의 이익이 아닌, 인류가 몇백 년을 적용받을 시스템을 잘 장착하여야 할 것입니다. 그러기 위해서 권력을 가지는 지도자들은 누구보다 공적인 마음을 가지고 있어야 합니다. 공적이고 큰마음을 가진 사람만이 인류를 위하는 마음을 낼 수 있기 때문입니다.

12
종교란 무엇입니까?

종교(宗敎)는 한자로 '마루 종(宗)'자에 '가르칠 교(敎)'를 씁니다. '마루 종'은 제사를 지내는 으뜸인 자, 혹은 우두머리를 뜻하고, '교'는 제의를 가르친다는 것입니다. 즉 제사 의식을 가르치는 것을 종교라고 합니다. 예로부터 우리나라는 조상에게 제사를 지내왔고, 조상에 대한 제의가 하나의 가풍처럼 이어져 왔습니다.

그런데 이 조상의 자리에 그리스도 혹은 부처가 자리하면서 기존 종교의 형태도 바뀌어 갔습니다. 각 가문의 조상이 위치할 자리에 부처와 예수가 자리하면서 종교가 변형되어갔습니다. 각 가문의 파가 따로따로 모시던 신을 예수 혹은 부처로 통합시켜버린 것입니다. 즉 다양한 가문의 신들을 인류에게 이름이 난 큰 신으로 대체시키면서 의식의 통일화 작업을 시킨 것이 바로 오늘날의 종교가 된 것입니다.

종교의 최상위에는 '신'이 위치하고, 정치의 최상위에는 '왕'이 위치합니다. 고대에는 종교와 정치가 하나로 통합된 제정일치의 사회

카르마 종결자

였습니다. 이후 시간이 흐르면서 점점 종교와 정치가 분리되어갔습니다. 종교와 정치가 분리되었다는 것은 신과 인간이 분리되기 시작한 것이고, 신이 다스리던 시대에서 인간 우두머리가 다스리는 시대로의 전환입니다.

신의 권력이 인간에게로 넘어왔고, 앞으로는 인간이 곧 신인 시대가 다가옵니다. 인간이 신이 되어갈수록 기존의 종교는 점차 사라져갈 것이고, 테크놀로지를 통해 인간의 권능은 극대화될 것입니다. 신의 영역이었던 부분들을 인간들이 관리하게 되는 차원으로 들어가게 됩니다. 신의 영역이었던 탄생과 죽음을 인간이 관장하는 시대로 넘어가고 있습니다.

지금 시대의 사람을 2,000년 전으로 데려가면 단연코 신이 됩니다. 그만큼 미래의 인간이란 진화된 존재이자 시대적 발전의 에너지를 먹고 신이 되어가는 중입니다. 과거의 예수보다, 과거의 석가보다, 더 많은 정보를 알고 더 많은 깨달음의 에너지를 먹은 자들이 현재를 살고 있는 사람들입니다.

당신의 존재를 신 아래에 두지 마십시오. 그 옛날 예수보다 그 옛날 석가보다 더 뛰어난 존재가 오늘날 당신이고, 당신이 바로 신이기 때문입니다.

지금 시대를 살고 있는 우리들은 인류의 최종 주자들입니다. 우리들은 각 가문의 에너지 질량을 받아 시대적 에너지 질량을 먹고 자란 거대한 나무에 핀 꽃이며, 이 시대에 피어야 하는 신들입니다.

당신들의 가치를 신 아래로 떨어뜨리지 마십시오. 지금 시대의 사람들은 기술 발전을 통해 지구 반대편도 하루 안에 갈 수 있고, 지구 반대편 사람과도 마주보며 이야기할 수 있는 천리마와 천리안 그리고 천이통을 가지고 있는 사람들입니다.

우리 인류가 만든 기술이 인간을 신으로 진화시키고 있는 중입니다. 기술은 인간의 의식을 확장시키고 더 나아가 우주까지 나아가게 만듭니다. 기술의 발전만큼 인간 의식도 발전해야 하는 것은 당연합니다. 그래서 의식의 상승을 주도하는 정신의 명품화를 이야기하는 것입니다.

카르마 종결자

13
예술이란 무엇입니까?

예술이란 문명의 꽃입니다. 인간이 만들어낸 아름다움의 결정체이자 창조행위의 산물입니다. 예술은 인간 영혼의 표현이며, 의식의 표출입니다. 신이 만들어낸 완성품이 대자연이라면, 예술은 인간이 만들어낸 완성품입니다. 예술은 시대적 산물이자 시대의식의 표현이기도 합니다.

정신의 산물을 인간의 기술로 표현한 것이 예술입니다. 인간들은 생각을 물질로 현현하려고 합니다. 이때 관념화된 생각들은 상품으로 만들어지고, 관념화되지 않은 생각들은 예술로 나타납니다. 관념화된 생각이란, 시대적 필요에 의해 만들어진 물건들입니다. 그러나 관념화되지 않는 생각들은 아직 자신의 시간과 때를 만나지 못했기 때문에 불확실성을 내포하고 있습니다. 관념화되지 않은 생각들이 점점 관념화가 되어가기 직전, 사람들이 알아보기 시작할 때 예술품의 가격이 오르게 됩니다. 그래서 예술품을 소장할 때 미래 가치를 염두하고 구매하는 것입니다.

인간들은 예술품에 담긴 스토리를 좋아합니다. 왜 그러한 생각을 품게 되었는지, 그 사람의 인생이 어떠하였는지, 어떤 삶을 살았는지 등등 예술품을 통해서 예술가의 인생을 살펴보기도 합니다. 왜냐하면 예술품에 인간 혼이 녹아 있다고 생각하기 때문입니다.

서양의 예술품에는 주로 신의 사랑이 들어가 있고, 동양의 예술품에는 자연의 사랑이 들어가 있습니다. 오랜 시간 로마 가톨릭이 지배하고 있었던 서양은 예수를 테마로 삼아 건축예술을 만들었고, 이슬람교가 지배하고 있었던 아랍은 이슬람 문자와 기하학을 통한 건축예술을 만들었습니다. 이렇듯 예술은 시대적 관념과 시대적 의식에 의해 지배받습니다.

근현대에 이르러서는 왕정 질서와 가톨릭 질서가 무너지면서 형태나 형식을 부수는 자유로움을 추구하는 작품들이 나오기 시작했고, 미래로 이어지는 지금 시대는 컴퓨터 기술을 통한 예술품들이 쏟아져 나오고 있습니다. 정리하자면, 예술은 시대적 정신의 산물을 그 시대의 기술로 표현한 것이 됩니다.

카르마 종결자

14
자유란 무엇입니까?

인간들은 누군가의 명령이나 조종이 아닌, 하나의 인간 개체로서 자신이 스스로 선택할 수 있는 권리를 자유라고 생각합니다. 하나의 개체란, 완성되고 성숙한 존재를 말합니다. 그래서 성장하기 전까지는 부모의 질서하에서 자유가 주어지고, 어른이 된 이후에는 조직의 질서하에서 자유가 주어지고, 더 넓게는 국가적 질서 안에서 자유가 주어집니다.

우리는 큰 형태장의 일부로서 움직이고 있기에 형태장 안에 묶여 있는 이상, 진정한 자유를 얻기는 힘듭니다. 세포도 인간이라는 육체의 일부로서 작용합니다. 세포가 인간 육체를 벗어나는 순간, 더이상 세포로서의 기능을 하지 못합니다. 우리가 지구에 태어난 이상, 지구적 질서에 묶여있기 때문에 우리가 자유를 찾는다는 것은 죽음 이후에나 가능한 일이기도 합니다.

그럼에도 불구하고 인간들은 스스로 선택하고 스스로 행동할 권리를 얻고 싶다고 말합니다. 물론 이것은 인류가 다 성장했기 때문에 나올 수 있는 말입니다. **자유라는 것은 성장이 다 끝난 개체가 스스로 독립성을 찾을 때 할 수 있는 말입니다.** 성장이 계속되고 있는 중에는 자유를 얻을 수 없습니다. 질서라는 테두리 안에서 완전히 성장한 성체는 더 이상 그 질서 속에 가두어 둘 수 없기 때문에 더 큰 테두리를 필요로 합니다. 이때는 작은 질서의 테두리를 깨뜨리고, 더 큰 세상으로 나아가야 합니다. 그래서 자유란 완전한 개체, 완숙한 성인들에게 해당되는 말입니다.

인간들은 자신의 육신을 자신이 온전히 지배할 수 있다고 생각하지만, 육신은 철저히 의식에 지배받습니다. 따라서 자신의 의식이 어디에 지배받고 있는지를 잘 살펴야 합니다. 특정 의식이나 관념에 사로잡혀 있는 사람은 결코 자유로울 수 없습니다. 인간 의식은 가문에 붙잡히고, 지역, 사회, 국가 의식에 붙잡힙니다. 작은 질서 속에 붙잡혀 있다가 더 큰 질서 속에 편입되면 일정 시간 동안 자유를 느낄 수는 있습니다. 하지만 어느 정도 성장하면 또다시 질서의 갑갑함을 느끼는 순간이 다가옵니다. 이때는 더 큰 질서의 새로운 환경이 필요하게 됩니다.

자유라는 것은 내가 가장 근접하게 묶여있는 고리에서 풀어졌을 때 비로소 느껴진다고 말합니다. 물론 그를 둘러싸고 있는 더 큰 질서는 존재하지만, 당장에 자신을 압박하고 옥죄는 질서는 사라졌기에 자유를 얻었다고 표현하는 것입니다.

카르마 종결자

우리는 자유라는 착각 속에서 살고 있습니다. 지구에 태어난 이상 우리는 지구라는 질서에 묶이고, 국가라는 질서에 묶이며, 가문이라는 질서에 묶이게 되어 있습니다. 여기에 더하여 카르마와 인연이라는 끈에 묶이게 되기에 진정한 자유란 지구에서 주어지지 않습니다.

결론적으로 자유란, 다 성장한 개체에게 주어지는 새로운 환경과 질서 속에서의 자유입니다. 독립체가 될 때 비로소 자유를 얻게 되는 것입니다.

질서란, 규칙이 생성된 환경입니다. 규칙을 생성한다는 것은 개체 간 거리를 만들어 간다는 뜻입니다. 개체와 개체가 만나 서로 조율하고, 서로 간 거리가 형성되면서 질서가 만들어집니다. 이 질서는 하나의 테두리 보호막을 형성합니다. 테두리는 보호막이자 성장틀과 같은 것입니다. 질서라는 테두리 보호막 안에 만들어진 개체들은 그 안에서 성장합니다. 테두리가 넓을수록 개체는 자유를 느낍니다. 개체가 커져서 테두리 보호막이 개체를 다 담지 못할 때, 개체들은 자유를 부르짖습니다. 자유를 부르짖는다는 것은 환경을 넓혀주거나 바꾸어줄 때가 되었다는 것입니다.

이렇게 자유와 질서는 반복됩니다. 질서는 세로축을 형성하고, 자유는 가로축을 형성합니다. 질서는 아버지의 힘이요, 자유는 어머니의 힘입니다. 십자가는 질서와 자유의 상징 코드입니다.

15

이념은 왜 필요합니까?

정신의 명품화에서 최고봉은 '이념'이 됩니다. 카발라 생명나무로 표현하자면, 왕관 자리에 위치하는 케테르에 해당됩니다. 이념을 명품화하는 것이 바로 정신의 명품화입니다. 이 책에서 제시하는 이념은 **카르마 종결자, 정신의 명품화, 별빛 네트워크**입니다.

이념이란 우리가 가야 할 목적지이자 방향입니다. 이념을 갖는다는 것은 정신의 축을 세우는 것과 같습니다. 정신의 축을 세워야 인생의 길에서 헤매지 않습니다. 지금의 시대는 돈이 목적이 되고 돈이 이념이 되었지만, 돈이란 이념을 위한 하나의 도구이지 이념이 될수는 없습니다. 돈을 벌고 난 다음 무엇을 하겠습니까? 돈이란 최고목적이 아니라 목적을 위한 수단이 되어야 합니다.

조직이나 단체는 이념을 세웁니다. 이념에 따라서 사람이 모이기 때문입니다. 이념은 조직의 중심핵을 만듭니다. 중심핵이 단단하고 명확해야 조직원들이 이념을 중심으로 뭉칠 수가 있는 것입니다.

이념을 영어로 표현하자면, Ideology라고 합니다. 일반적으로 설명하면, 이데올로기란 집단의 행동에 영향을 미치는 관념이라고도 할 수 있습니다. 우리는 모두 이 집단 관념에 지배되고 또 집단 관념에 의해 행동합니다. 지도자는 특히 이념을 장착해야 합니다.

이념이 있는 사람과 없는 사람은 품격조차 달라 보입니다. 이념이 있느냐 없느냐에 따라서 사람의 품격이 달라집니다. 이념이 있는 사람은 자신의 행동양식을 이념에 맞추면서 살아가지만, 이념이 없는 사람은 그냥 막 헤매면서 살게 됩니다. 잘못된 관습을 고집하면서 낡은 시대적 관념에 매여서 살아갑니다. 스스로 정신적 고뇌 속에서 살게 됩니다.

어떻게 살아야 할지, 무엇을 위해 살아야 할지 막막하기 때문에 닥치는 대로, 되는 대로, 가문의 습관대로 살아갑니다. 부모의 모순을 그대로 복제하면서 자식에게도 그러한 삶을 강요합니다. 관념은 시대정신에 따라 진화·발전해야 합니다. 과거의 것을 고집할수록 미래사회에서는 살기가 더더욱 힘들어집니다.

인간과 동물을 가르는 가장 큰 것은 바로 이념입니다. 인간은 이념을 가지고 살아갈 수 있지만, 동물은 본능대로 살아갑니다. 이념이란 집단이라는 배가 가야 할 목적지이고, 그 목적지로 가기 위해 인간은 노력하고 자제하며 열정을 불사르는 것입니다.

16

테라포밍 & 태라포밍이란
무엇입니까?

'**테라포밍**(Terraforming)'이란, 행성을 '지구화시킨다'라는 말입니다. 지구가 아닌 다른 행성을 지구의 대기 및 온도, 생태계와 비슷하게 바꾸어 인간이 살 수 있도록 개조하는 것을 **테라포밍**이라 합니다.

테라포밍이란 한마디로, 불모의 행성을 지구처럼 성형한다는 이야기입니다. 인간을 성형하듯 행성을 성형하는 것이 바로 테라포밍입니다. 포밍(forming)이라는 단어 자체가 성형을 의미하듯, 인간의 기술이 발전하면서 행성도 성형을 할 수 있는 시대로 접어들고 있습니다.

행성을 지구화시키려면 지구처럼 물도 있어야 하고, 대기도 있어야 하고, 회전도 비슷해야 하는 등 여러 가지 환경들을 바꿔주어야 합니다. 만약 행성의 지질만 지구처럼 성형을 하였으나 조건이 과거와 비슷하다면 다시 과거의 지질 형태로 되돌아갈 것입니다.

마찬가지로 인간도 더 나은 모습으로 성형하는 시대가 되었습니다. 신체를 조상이 물려준 대로 보존하면서 사는 삶이 아닌, 내 삶을 내가 개척하고 변화할 수 있는 시대가 도래하였습니다. **과거 시대가 '계승의 시대'였다면 지금의 시대는 '재창조의 시대'입니다.**

옛날에는 귀족들만 거울을 사용하였고, 일반 평민들은 자신의 얼굴을 볼 수 없었기에, 생긴 대로, 상대가 대하는 대로, 하늘이 정해준 대로 순응하며 살았습니다. 나를 볼 수 있는 시대가 아니었습니다. 남이 나를 보고, 나에게 대하는 대로, 그렇게 살았습니다.

그러나 지금의 시대는 누구에게나 거울이 있고 카메라가 있어서 나를 자세히 들여다볼 수 있는 시대가 되었습니다. 과학기술을 통해 고치고 바꾸고 수정할 수 있는 시대가 되었다는 뜻입니다. 즉 자신이 원하는 얼굴과 외형으로 바꾸고 개조할 수 있는 시대가 되었습니다.

시대적 풍요는 나를 돌아보게 만들고, 나를 바꾸게 만드는 시간을 선사했습니다. 더 나은 모습과 더 나은 삶을 살고자 하는 욕망은 성형기술과 과학기술을 더욱 발전시켰습니다. 더 건강하게 오래 살고 싶은 욕망과 더 아름다워지고 싶은 욕망은 이제 과학기술로 어느 정도 해결을 할 수 있는 시대가 되었습니다.

지금의 시대는 타고난 원형대로 살지 않아도 되는 세상입니다. 시대적 관념이 변하고 있기 때문입니다. 못생긴 사람이 미인으로 둔갑하기도 하고, 키 작은 사람이 키를 늘릴 수 있으며, 심장을 비롯한 장기를 대체하고, 기계로 손발을 대신하는 사례에서 보듯 인간의 결손 부분을 기계로 대체할 수 있는 세상입니다.

카르마 종결자

인간이 타고난 외형을 바꿀 수 있다는 것은 인간이 타고난 카르마조차도 바꿀 수 있다는 뜻입니다. 물질적 외형은 성형을 통해 바꿀 수 있다면, 정신적 성형 및 카르마 성형은 '태라포밍'으로 바꿀 수 있습니다.

'태라포밍'이란, 인격성형교육입니다. 리더적 자질은 있으나 이념이 없는 사람들을 위해 이 책에서 제시하는 교육입니다. 카르마의 꼬임을 바로잡아 과거를 치유하고, 현 세상을 바르게 통찰하며, 새로운 미래 환경을 만들어 갈 미래 지도자이자 카르마 종결자들이 받아야 하는 교육입니다. 카르마 종결자 한 사람이 바른 길을 가면 그 주변사람들이 조금씩 바뀌고, 한 사람 두 사람 걷다 보면 어느새 길이 만들어져 있을 것입니다.

지금 시대는 주로 관리자형 리더를 배출하는데, 앞으로는 불확실한 미래를 이끌어가려면 미래를 선도하는 창조적 리더가 필요합니다. 이러한 창조적 리더는 시스템으로부터 자유로워야 창의로운 생각을 할 수 있고, 시스템 밖에서 시스템 안을 통찰하면서 무엇이 필요하고 무엇을 개선해 나가야 할지를 볼 수 있는 사람들입니다. 시대를 관통하는 통찰력이 있는 사람이 미래를 이끌어갈 창조적 리더가 되는 것입니다. 태라포밍은 이런 창조적 리더들을 키우는 교육이 될 것입니다.

17
외모를 갖추는 것도
필요합니까?

우리는 물질적, 정신적 유산을 조상으로부터 물려받습니다. 조상들이 살아온 생각이나 습관도 물려받지만 조상들의 DNA도 물려받습니다. 우리의 얼굴, 타고난 신체는 모두 가문의 결과물입니다. 초년, 청년 때는 이 가문의 힘으로 세상을 살아가고, 가문의 얼굴을 가지고 활동합니다. 그러나 50 이후의 얼굴은 내가 인생을 살아온 결과물이 됩니다.

이 사회 시스템은 가문의 모순점을 다루는 거대한 공부장이기도 합니다. 각 가문으로부터 내려온 생각, 관념, 습관들이 사회생활을 하면서 부딪치고 다듬어지면서 이 사회의 관념을 형성해 갑니다. 따라서 이 사회 시스템은 관념의 통합장이라 보아도 무방합니다.

10대, 20대에 가문의 습을 그대로 물려받아 30대에 사회에 나와서 자신의 재능과 끼와 능력을 펼쳐보고, 그 안에서 자신의 모순점을 다스리고 제어하면서 세상을 대하는 자기만의 노하우를 형성해

갑니다. 이렇게 40대를 살고 나면, 50대에 이르러 자신만의 신념, 이념, 가치관이 형성되고, 이때 이르러 비로소 자기의 얼굴과 기운 그리고 아우라가 만들어지게 됩니다. 즉 자신의 얼굴은 50대에 가서 만들어지는 것입니다.

지금의 시대는 외모 과도기에 있습니다. 앞으로의 미래사회에서는 외모가 중요한 판단 조건이 안 됩니다. 왜냐하면 과학기술로 누구든 미남 미녀가 될 수 있기 때문에 외모적 요소가 그렇게 크게 좌우되지 않습니다. 그러나 시대적으로 외모가 중요한 때가 있었고, 지금은 그 과도기에 있습니다.

지금 시대는 개성이 중요한 시대로 흐르고 있고, 외모와 더불어 그 사람이 어떤 재능을 가지고 어떤 끼를 펼치느냐가 중요한 시대입니다. 시대적 변화에 따라 외모에 대한 관념은 변하게 되어 있습니다. 따라서 외모보다는 자신만의 특기와 아우라를 갖추는 데 시간과 노력을 들이십시오.

아우라란, 그 사람에게서 뿜어나오는 질량의 빛입니다. 가문에서 만들어낸 형태의 틀에 그 사람의 생각과 그 사람의 기운이 어우러져 나오는 기운입니다. 따라서 잘생긴 사람, 혹은 예쁜 사람이 되려고 하기 보다는 멋진 사람이 되고자 하십시오. 멋지다는 것은 그 사람의 외형과 내면 모두 닮고 싶고 좋아 보인다는 뜻입니다.

아우라가 멋지게 뿜어져 나오려면 깔끔함은 기본으로 갖추어야 합니다. 깔끔함은 외모뿐만이 아니라 내적인 생각이 정돈되어야 생성될 수 있습니다. 외모가 조금 떨어져도 깔끔한 인상만 주어도 반은 먹고 들어갑니다. 외모를 먼저 고치기보다는 생각의 각(覺)을 먼저 고쳐주어야 외모가 바뀌게 됩니다.

외모를 갖추기 전에 먼저 생각의 틀을 깨고 내면의 갖춤을 먼저 하십시오. 생각과 의식이 바뀌면 외모는 자동적으로 바뀌게 되어 있습니다. 생각에 따라 의학적으로 고치든, 패션 감각을 더하든, 내면에 상응하는 외면을 고치게 되어 있습니다.

카르마 종결자

18
자신을 갖춘다는 것은
무엇입니까?

인간의 육체가 성장하듯, 사람은 끊임없이 성장하고 변화하려고 합니다. 성장·발전하려는 것은 인간뿐만이 아니라 대자연 만물의 생명 진화 형태입니다. 오늘보다는 내일, 내일보다는 미래에 더 나은 내가 되려 하는 것은 인간의 본능이자 속성입니다. 물질우주 자체가 불완전하기 때문에 우주가 완전을 향해 나아가려는 것처럼, 인간은 더 나은 나의 모습을 만들려 하고, 내가 못하면 대를 이어서라도 더 나은 존재를 생산하려 합니다. 불완전을 완전으로 돌려놓으려는 움직임은 대자연 만물의 기본 속성입니다. 따라서 우리는 부단히도 더 나은 나의 모습을 만들어 가려 합니다.

그렇다면 왜 갖추어야 할까요? 나를 갖추고 있다는 것은 언젠가는 세상에 나의 재능과 나의 에너지를 쓰기 위함입니다. 나의 에너지를 세상에 쓰기 위해 나를 갖추는 것입니다.

나를 갖춘다는 것은 물질적, 정신적 갖춤, 모두를 포함합니다. 먼저 물질적 갖춤은 외적인 갖춤입니다. 외적인 모습은 내적인 모습의 투영입니다. 얼마나 자기 안의 신을 잘 표현해내느냐가 중요합니다.

외적인 모습을 갖추기 전에 내적인 갖춤이 선행되어야 합니다. 내적인 갖춤이란, 좋은 정보들을 습득하여 나만의 생활 패턴과 나만의 에너지 관리법을 만들어 가는 것입니다. 아무리 외모가 출중하다 하더라도 나오는 말과 행동이 깨면 상대는 돌아서게 됩니다. 즉 자신을 갖춘다는 것은 사람을 상대하기 위함이고, 사람과의 관계성을 어떻게 맺어서 어떤 결과를 도출해 내느냐에 따라 내 미래의 환경이 결정되기 때문입니다. 항상 갖춤의 목적을 생각해보십시오. 갖춤이란, 사람을 상대하기 위해 나를 닦아 놓는 것입니다.

나의 선택은 나의 미래를 만듭니다. 어떤 선택을 하든 나에게 들어온 정보가 모여 나의 선택을 결정하게 되고, 내가 한 선택은 나의 환경을 만들어 줍니다. 따라서 매 순간 바른 선택을 할 수 있게 바른 분별력과 바른 정보를 받아들이는 것이 필요합니다.

1. 물질적 갖춤

먼저 나 자신의 육체를 성전처럼 대하십시오. 우리의 육체는 신이 머무는 성전입니다. 신이 내려앉을 때를 대비해서 항상 맑고 깨끗하게 다루십시오. 우리의 육체는 한번 받으면 100년가량을 써야 합니다. 바꾸고 싶다고 바꿀 수 있는 부분이 아닙니다. 따라서 무엇보다 건강에 신경을 쓰십시오. 그리고 음식을 섭취할 때 내 육신의 일부를 만든다고 생각하고 깨끗한 재료, 맑은 진동수를 가진 음식을 섭취하고 건강한 몸을 유지하십시오. 너무 살이 찌게 해도 안되고 너무 말라서도 안 되며 적절히 균형된 몸을 이루도록 노력하십시오. 살이 찐다는 것은 감정적 결핍에서 나오는 육체적 반응입니다. 감정적 결핍을 채우려다 보니 음식을 통해서 충족하려 하기 때문입니다.

자신의 육체 안과 밖을 맑고 밝은 진동수를 유지할 수 있게 관리해주십시오. 그리고 당신의 몸은 성전이라는 것을 잊지 마십시오.

2. 정신적 갖춤

정신적 갖춤의 첫 번째는 스트레스 관리입니다. 정신적 안정과 편안함을 유지해야 바른 분별력을 가지고 판단하고 선택할 수 있습니다. 육체적 양식이 음식이라면 정신적 양식은 정보입니다. 나에게 들어오는 정보를 항상 분석하고 통합하면서 정리해 나가십시오. 우리의 두뇌는 처리되지 않은 정보를 물고 있기 때문에 항상 머릿속에서 정보 처리를 완성해야 머릿속이 정리되고 안정됩니다. 흡수하지 못할 정도로 너무 많은 정보를 받아들이기보다는 자연스러운 정보 흐름을 따르십시오. 내가 정보를 찾아다니지 않아도 내 영혼에 필요한 정보는 그때그때 나에게 다가옵니다.

두 번째는 질량이 좋은 사람과 대화를 많이 나누십시오. 상대를 통해 반드시 배울 점이 있고 상대의 에너지를 먹으면서 성장할 수 있기 때문입니다. 따라서 내 주변에 좋은 인연들로 채워 넣으십시오. 인연들을 통해서 정보의 에너지를 섭취할 수 있습니다. 다만 부정적 사념을 담고 다니는 사람이나 결핍이 심한 사람은 멀리하십시오. 부정적 사념은 전염이 되고 나 또한 부정적 에너지에 휩싸이게 되며, 내가 그 에너지를 처리해야 하는 상황을 맞이하게 되기 때문입니다. 그리고 결핍이 심한 사람에게는 에너지를 무한정 내어주어야 하고 또 기운이 빨리는 흐름으로 흘러갑니다.

　남아도는 에너지가 있어서 누군가에게 에너지를 내어주고 싶다면, 나보다 30% 정도 차이 나는 사람에게 내어주십시오. 물질적 정신적 수준 차이가 너무 많이 나면 서로 대화를 이어갈 수도 없고, 몇 번 만나고 반드시 헤어지게 되어 있습니다. 이 법칙은 남녀관계에도 해당됩니다.

19

에너지 관리는
어떻게 해야 합니까?

에너지 관리는 크게 세 가지로 나눌 수 있습니다.

첫 번째는 나에게 주어진 환경 즉 공간을 관리하는 것입니다. 내가 머무는 장소를 밝히십시오. 집이나 사무실, 작업실 등 내가 자주 머무는 장소를 쾌적하고 깔끔하게 관리할 필요가 있습니다. 앞에서 우리 육체를 성전이라 말했듯, 내가 머무는 공간 또한 신이 머무는 성전이 되기 때문에 항상 주변을 정돈하고 맑게 관리할 필요가 있습니다. 작게는 나를 둘러싼 에너지 반경을 관리하면 되고, 크게는 내가 머무는 지역을 살펴볼 필요가 있습니다. 내가 머무는 터는 나에게 교육환경을 제공해 줍니다. 학원이 많이 있는 지역은 공부할 수 있는 분위기가 조성되어 있고, 술집이 많은 지역은 에너지를 풀고 해소하는 분위기가 형성되어있습니다. 즉 내가 보고 듣고 느끼고 배우는 것은 그 지역의 분위기를 배울 수 있는 것이기 때문에 어느 동네에 살면서 터의 기운과 에너지를 흡수하느냐는 매우 중요한 문제입니다.

두 번째는 나에게 주어진 인연을 관리하는 것입니다. 나와 연결되어 있는 인연은 매우 중요합니다. 비슷한 무리는 비슷한 무리와 어울립니다. 비슷한 생각을 가진 사람이 모이는 것은 자석이 모이는 것과 비슷합니다.

인연을 통해 우리는 생각에 영향을 받습니다. 인연을 통해 사념이 들어오기도 하고, 인연을 통해 좋은 기운이 들어오기도 합니다. 부정적 사념을 쌓아두고 있는 사람과 오랜 시간을 머물다 보면 자신도 모르게 부정적 사념에 젖어 들면서 몸이 급격히 무거워지고 피곤해집니다. 이렇게 컨디션과 면역력이 떨어지면 내 생활 리듬이 깨지게 됩니다. 따라서 내 주변의 인연을 잘 선택하여 세팅하십시오. 계속 부딪치면서 충돌이 나는 인연과는 잠시 떨어지거나 정리를 하는 것이 좋습니다. 그러한 인연과 계속 연결이 되면 나의 에너지가 분산되고 고갈되기 때문입니다. 물론 부딪치면서 자신의 모순을 잡아가는 측면은 있지만 몇 번의 신호로 알아채야 합니다. 그리곤 홀로 정리하고 생각을 바꾸고 새롭게 나아가야 합니다.

카르마 종결자라면 주어진 인생대로 그대로, 주어진 인연대로 그대로, 주어진 환경 그대로, 사는 것이 아니라 스스로 바꾸고 스스로 길을 개척해 나가야 합니다. 길을 개척한다는 것은 물질적 길을 개척하는 것이 아니라 생각을 각(覺)을 바꾸면서 생각의 물길을 만들어 가는 것과 같습니다.

많은 인연을 물고 있다고 좋은 것은 없습니다. 정작 나에게 도움이 되는 인연은 몇 명 되지 않습니다. 카르마 종결자는 나를 알아주는 한사람만 있어도 충분합니다.

세 번째는 나에게 주어진 시간을 관리하는 것입니다. 인간에게는 100년 남짓의 시간이 주어집니다. 100년의 시간이란, 지구가 태양 주위를 공전하는 것을 100번 볼 수 있는 시간입니다. 지구가 공전하면서 우리는 계절을 느끼고 1년을 기준으로 반복되는 흐름을 만듭니다. 물론 이 100년이란 시간은 지구인의 시간이기도 합니다만, 우리는 이 시간을 어떻게 의미있게 잘 보낼 것이냐가 중요합니다. 100년이란 시간은 길다면 길 수 있겠지만, 영혼의 측면에서 보자면 눈 깜짝할 시간입니다.

이렇게 한정된 시간을 통해서 내가 무얼 느끼고 무얼 배워야 하는지 항상 생각해 보십시오. 그리고 그 시간을 나를 갖추는 데 쓰십시오. 우리가 펼치는 시간은 그리 길지 않습니다. 나무에 꽃이 피는 시간은 한 철이고 한 때이나 나무는 그 꽃을 피우기 위해 뿌리에서부터 수많은 노력을 통해 꽃을 피우고 있는 것입니다. 따라서 인생의 꽃이 피는 그 순간을 위해 나를 갖추고 준비하십시오.

20

환경은 어떻게
세팅해야 합니까?

환경 세팅은 에너지를 맑히는 데 있어서 매우 중요한 부분입니다. 어떤 환경이냐에 따라서 인간은 그 환경에 적응하려는 속성이 있기 때문입니다. 그래서 인간은 더 나은 환경조건에 머물기를 바라고, 한 번 좋은 환경을 맛보면 그 환경으로 찾아 들어가려 합니다. 왜냐하면 인간은 더 나은 것을 취하면서 진화하려는 존재이기 때문입니다. 따라서 나에게 주어진 환경이 나를 어떻게 성장시키고 있는가에 대한 공부가 우선 되어야만 합니다. 이런 공부는 어디에서 시켜주지 않습니다. 스스로 인지하고 스스로 공부해 나가야 하는 부분입니다. 따라서 자신에게 주어진 환경을 먼저 살펴보아야 합니다.

현재 내가 머무는 터는 어떠한가?
현재 내가 만나는 사람은 어떤 사람들인가?

환경 세팅에서 중요한 것은 '터'와 '인연'입니다. 어떤 환경에서 어

카르마 종결자

떤 사람의 에너지를 받으면서 살고 있는지를 살피십시오. 자신이 머무는 동네는 비슷한 부류의 사람들이 모이고, 이러한 사람들과 알게 모르게 에너지를 교류하고 있는 것입니다. 우리가 만나는 사람을 통해서 말을 주고받고 그 가운데 나의 관념과 생각이 형성되기 때문에 터와 환경을 1차적으로 생각해야 합니다. 만약 내가 앉은 동네나 터가 여러 가지 환경적 조건으로 스트레스를 받는 상황이 발생하면 이동해야 하는 흐름이 온 것입니다. 인연도 마찬가지입니다. 계속해서 트러블이 발생한다면 잠시 떨어져서 새로운 환경 속에서 생각할 시간을 가져야 합니다.

육체적, 정신적 스트레스는 인간의 의식발전을 멈추게 만듭니다. 더불어 판단력과 분별력을 흐리게 만들면서 그 에너지 속에 갇히게 됩니다.

내가 머무는 장소는 항상 쾌적하게 만들 필요가 있습니다. 깨끗하게 청소가 된 거리는 사람들도 함부로 쓰레기를 버리지 못하지만, 더러워진 곳에는 사람들도 덩달아 쓰레기를 버립니다. 버려도 되는 환경이 만들어졌기 때문입니다. 마찬가지로 안 좋은 사념들도 머무는 곳이 따로 있습니다. 항상 내 주변을 맑히십시오. 환경적으로도 맑히고 정신적으로도 맑히십시오.

21

사념이란 무엇입니까?

　사념이란 부정적 생각 에너지의 뭉침입니다. 눈에 보이지는 않지만 희뿌연 연기처럼 인간의 형태장에 둘러쳐져 있습니다. 지구에 구름이 많은 날과 화창한 날이 있듯이, 인간에게도 구름이 끼어있는 날과 화창한 날이 있습니다. 화창한 날에는 컨디션이 좋고 기분이 좋지만, 구름이 무겁게 끼어있는 날은 몸도 찌뿌둥하고 무겁습니다.

　사념이란 인간에게 형성된 안개 혹은 먼지 더미와 같습니다. 이 먼지 더미는 두통을 유발하고, 부정적 생각을 전염시키며 몸을 무겁고 피곤하게 만듭니다.

　사념은 인간의 생각을 통해서 전염됩니다. 마치 바이러스처럼 전염이 됩니다. 만약 같은 공간에 부정적 생각을 하고 있는 사람이 가까이 있다고 생각해봅시다. 부정적 생각에 사로잡혀 있는 사람은 표정과 말 그리고 행동이 불안정하고 언제 터질지 모르는 시한폭탄처럼 움직입니다. 그러면 주변의 사람들도 그 기운에 영향을 받으면서 방 안 공기는 무거워지고, 괜히 그 사람의 눈치를 보게 됩니다. 왠지

　　　　　　　　　　　　　카르마 종결자

갑갑하고 무겁고 방을 나가고 싶다는 생각이 들 것입니다.

우리의 인체는 물과 같아서 바로바로 영향을 받습니다. 생각으로는 바로 인지하지 못해도 몸은 먼저 반응하고 있을 것입니다. 이러한 사념에 전염이 되면 나도 비슷하게 우울하고 침울해집니다. 이렇게 부정적 사념을 품어내고 있는 사람은 블랙홀과 같아서 주변의 에너지를 빨아갑니다.

부정적 사념은 어두운 음의 기운이기 때문에 비슷한 탁한 기운을 빨아들입니다. 이렇게 형성된 에너지는 사람을 무기력하게 만들고 우울하게 만들며 스스로 감옥에 가두게 됩니다.

따라서 부정적 사념에 전염되지 않도록 항상 생각을 맑히고 투명하게 하며 긍정적으로 살도록 노력하십시오. 우리는 생각한 대로 살게 되어 있습니다.

22
정신력이란 무엇입니까?

정신력이란 생각의 힘을 말합니다. 생각의 힘은 막강합니다. 현실을 창조할 수 있는 잠재력이기 때문입니다. 우리는 이 힘을 제어하고 통제하거나 사용할 줄 모릅니다. 그저 생각이 흐르는 대로, 자신을 내버려 둡니다. 내가 내 육신을 통제하지 못하고 주변 생각에 좌우되면서 내 인생을 살지 못한 채, 남이 원하는 삶, 상대를 위한 삶, 상대가 바라는 삶을 살아갑니다.

내 육신의 주인은 나입니다. 잊지 마십시오. 내 육신을 소유하고 있는 것도 나이고, 내 생각을 지배하는 것도 나입니다. 모든 것은 나로부터 출발합니다. 우리는 남을 사랑하기 이전에 나를 사랑하는 방법부터 배워야 합니다. 나를 알아야 나를 사랑할 수 있고, 나를 사랑할 수 있어야 남을 사랑할 수 있는 법입니다.

생각을 허용하고 받아들이는 것도 나요, 정보를 받아들이는 것도 나입니다. 내 머릿속에 아무것이나 가져다 넣지 말고, 내 몸을 소중히 여겨 좋은 음식을 먹이듯, 내 머릿속도 좋은 생각들로 넣어야 합

카르마 종결자

니다.

　생각의 메커니즘은 컴퓨터와 비슷합니다. 프로그램이 계속해서 돌아가듯, 한 생각이 내 머릿속에서 계속 구동되면 그 생각에 사로잡히게 됩니다. 머릿속에 드는 생각들을 명확하게 정리해야 프로그램이 뒤죽박죽 엉키지 않습니다. 이 사람 저 사람의 생각이 들어와 정리되지 못한 채로 나의 머릿속을 돌아다닙니다. 그래서 사람들이 명상을 하면서 "마음을 비운다, 머리를 비운다" 하는 것입니다. 그러나 마음을 비운다고 비워지는 것도 아니고, 머리를 비운다고 비워지는 것도 아닙니다. 생각의 질량이 차서 깨달음으로 바뀔 때 컴퓨터에서 처리해야 할 목록이 사라지는 것입니다.

　생각의 각이 바뀔 때 행동이 바뀌고, 환경이 바뀌고, 내가 바뀌는 것입니다. 생각의 각을 바꾸지 않은 채, 명상을 하면서 생각을 비운다고, 마음을 비운다고, 비워지지 않습니다.

　생각의 각을 바꾼다는 것은 작은 법을 큰 법으로 바꾸는 것이며, 한 차원 업그레이드하는 것입니다. 마치 컴퓨터 프로그램을 업그레이드하듯, 새로운 버전의 생각을 장착해야만 이전의 생각들이 정리됩니다.

　우리는 매 순간 정신력을 통해 현실을 창조합니다. 물질적인 현실 차원은 생각이 물질화가 된 것입니다. 생각의 힘은 막강합니다. 생각으로 우리는 현실을 창조하고 있고, 미래를 만들어 가고 있습니다.

우리의 정신은 복잡하지만 우리의 육체는 단순합니다. 우리의 생각을 육체로 전달하고 우리의 생각이 육체를 움직입니다. 육체 의식은 단순해서 생각의 힘이 이끄는 대로 움직입니다. 걱정, 근심 등의 부정적인 생각을 하면 그러한 쪽으로 현실을 창조하고, 긍정적이고 미래적인 생각을 하면 그러한 쪽으로 현실을 창조해 갑니다. 따라서 내 생각과 마인드를 어떻게 먹느냐에 따라서 내 육체 의식이 움직이기 때문에 생각과 마인드를 바르게 정립할 필요가 있습니다.

건축가가 설계를 하고 설계한 것을 물질화시키듯, 우리는 미래를 꿈꾸고 설계하며 물질화시킵니다. 미래 현실을 창조하고자 한다면 미래 설계의 꿈을 아주 디테일하고 생생하게 만들어야 합니다. 생각을 현실화할 때 생각의 질량이 꽉 차야 물질화가 일어납니다. 30% 생각만으로는 물질화가 이뤄지지 않습니다. 따라서 무언가를 물질화시키기 위해서는 그 생각에 몰입이 되어야 하고, 그 방향으로 계속해서 밀고 나가야 우리 육체가 움직이며, 더불어 타인을 움직이고, 주변 환경을 만들어내며, 비로소 내가 바라던 바를 얻게 되는 것입니다. 그래서 결핍이 많은 사람들이 현실을 더 잘 창조하기도 합니다. 결핍이 있는 만큼 빈 공간을 채워 넣으려는 생각 때문에 더 강하게 집착하고 당기기 때문입니다. 결핍이 없이 모든 것이 안정적이고 편안하면 무언가를 하고자 하는 의지가 생기지 않습니다. 이 우주 자체도 결핍에 의해 생겨난 곳이기 때문입니다.

카르마 종결자

카르마
종결자

Chapter 03

별빛 네트워크

"너를 밝혀 나를 빛내고, 나를 밝혀 너를 빛내는
우리는 별빛 네트워크입니다."

1
별빛 네트워크란 무엇입니까?

별빛 네트워크는 별과 별이 만드는 신경망이자 별과 별이 만드는 길입니다. 별이 탄생하기 위해서는 우주의 수많은 시간에 걸쳐 다져지고 융합·폭발하는 과정을 거치며, 이를 통해 환하게 빛나는 별이 만들어집니다. 별은 홀로 만들어질 수 없고 주변의 도움과 작용들에 힘입어 생겨납니다.

별과 별이 모여 하나의 큰 별을 형성하고, 각각의 별들이 서로를 비춰줄 때 더욱 찬란하게 빛납니다. 서로를 비추어주면서 별 무리가 형성되고, 태양계가 만들어지는 것입니다. 태양계 또한 멀리서 보면 하나의 별처럼 보일 것입니다. 무리의 빛이 모여 하나의 큰 빛을 만들 듯, 서로의 빛을 모아 하나의 큰 빛을 만드는 것입니다.

우리는 서로가 서로를 빛내주는 별빛 네트워크를 만들고자 합니다. 나만 홀로 빛나는 것이 아닌, 서로가 서로를 비춰주어 더 큰 빛으로 화하고자 합니다. 따라서 내가 상대를 이롭게 하고, 상대는 나를 이롭게 하여, 서로가 서로를 의지하면서 길을 만들어 가려 합니다. 이것이 우리가 가고자 하는 별빛 네크워크의 길입니다. 하나의 빛은 약할지라도 작은 빛들이 모여 크게 빛나는 별을 만들려 합니다.

별빛 네크워크는 서로가 만족하는 그 어떤 지점을 찾아내어 그곳에서 관계성을 형성합니다. 한쪽은 불만족하고 한쪽만 만족하면 이런 에너지 관계성은 불평등을 낳게 됩니다. 따라서 너도 만족하고 나도 만족하는 그 어떤 지점을 찾아내고, 서로가 서로에게 결핍이 없는 관계성을 만들어 가고자 합니다.

지금 시간을 살고 있는 우리들은 가문의 엑기스를 먹고 탄생한 마지막 후손들입니다. 따라서 그 누구 하나 소중하지 않은 사람이 없고, 누구 하나 희생 없이 태어난 사람이 없습니다. 각 가문의 뿌리로 올라가면 하나의 뿌리에서 출발했음을 알 수 있습니다. 우리는 하나의 뿌리에서 나온 다양한 꽃들입니다. 각 가문은 줄기를 형성합니다. 가지는 달라도 멀리에서 볼 때 하나의 나무처럼 보입니다.
우리 모두는 인류의 별이자 인류의 꽃이며 인류문명을 완성하는 마지막 주자들입니다. 나 혼자만 잘난 것도 아니고, 내가 잘하는 부분이 있고 상대가 잘하는 부분이 있습니다. 서로의 장점은 살려주고, 단점은 보완하여 완벽한 형태장을 형성해야 더 크고 더 밝게 빛이 날 수 있습니다.
너를 밝혀 나를 빛내고 나를 밝혀 너를 빛내는, 서로가 서로를 비춰주는 관계성을 형성해 나가는 것이 별빛 네트워크의 핵심입니다.

　　　　　　　　　　　　　　　카르마 종결자

2
별빛 네트워크의 관계성은
어떤 관계성입니까?

과거 사회는 혈연사회였습니다. 혈연사회가 점점 커가면서 지연(地緣)사회가 되었고, 지연사회는 하나의 네트워크를 형성하였습니다. 그러나 미래사회는 혈연, 지연으로 묶이는 사회가 아닌, 이념으로 묶이는 시대로 진화 · 발전하게 되어 있습니다.

별빛 네트워크의 관계성은 이념으로 묶인 관계성을 형성합니다. 어느 지역에 있든, 어느 나라에 있든 상관이 없습니다. 서로 뜻과 이념이 맞는 사람들이 만나 하나의 가족을 형성하고, 가족이 모여 공동체를 형성합니다. 즉 이념으로 묶인 관계성입니다.

우리의 이념은 **카르마 종결자, 정신의 명품화, 별빛 네트워크**입니다. 지금 시대는 혼자 빛나는 시대가 아니라 함께 빛을 만들어 거대한 빛무리를 만들어 가야 하는 시대입니다. 태양을 중심으로 태양계가 형성되어있고, 태양계는 하나의 빛무리처럼 빛납니다. 마찬가지로 우리는 각자의 빛들이 모여 하나의 큰 빛을 형성합니다.

미래사회는 혼자서 이루는 시대가 아니라 협력·상생을 이뤄가야 하는 시대입니다. 협력·상생하려면 나 홀로 빛나는 것이 아니라 각자의 별들이 모여, 서로가 서로를 빛내주는, 별빛 네트워크를 형성해야 합니다.

혈연적 가족이 무언가를 함께 하는 시대는 끝이 났습니다. 혈연이라도 이념과 사상이 다르면 다른 길을 가게 되어 있고, 분화하게 되어 있습니다. 혈연, 지연에 매이지 마십시오. 카르마 종결자는 대를 잇는 사람이 아니라 대를 마무리하는 사람들입니다. 대를 이어야 하는 사람들은 자동적으로 혈연, 지연에 매여있게 되어있습니다.

카르마 종결자는 나무의 꽃입니다. 대를 이어야 하는 사람은 줄기혹은 가지에 해당하기에 꽃을 보기까지 자신을 희생해서 에너지를 내려줘야 합니다. 그러나 나무의 꽃은 에너지를 내려주지 않고 온 힘을 다해 자신의 존재를 드러냅니다.

우리는 조상과 가문 그리고 인류의 에너지를 모두 먹고 자란 마지막 후손들입니다. 인류가 만들어낸 최고로 진화된 인간입니다. 인류기술이 발전한 만큼 우리의 정신도 진화·발전하였습니다.

과거에 아무리 잘나가던 예수, 석가라도 오늘날의 당신만큼의 질량을 가진 존재는 아닙니다. 그만큼 당신은 시대적 엑기스를 모두 먹고 태어난 존재로, 시대적 사명을 띠고 온 사람들이기에, 크게 보고, 크게 생각해야 합니다. 그 안(혈연, 지연)에 묶여있으면 카르마를 해결할 수

카르마 종결자

없습니다. 숲을 나와 멀리 보아야 비로소 전체 모습을 볼 수 있습니다.

카르마 종결자들은 인류를 위해 세상을 위해 크게 쓰여야만 합니다. 카르마 종결자로 태어난 당신은 당신 가문의 시조이자 마지막을 장식하는 최종 주자이기 때문에 별빛 네트워크를 만들어야만 크게 빛날 수 있습니다.

별빛 네크워크는 개인화된 인간의식이 다시 통합하는 과정입니다. 통합의 과정은 혈연, 지연을 따르는 것이 아니라 이념으로 연결되는 관계성입니다.

3
상생의 관계는
어떻게 만들 수 있습니까?

음양오행 사상을 보면 상생상극(相生相剋)이라는 표현이 있습니다. 상생은 서로 북돋워 주는 관계라면, 상극은 서로 충돌하는 관계입니다. 그래서 일반적으로 사람들은 '상생은 좋은 것이고, 상극은 안 좋은 것이다'라는 관념을 가지고 있습니다. 하지만 상생은 서로 엮어 세상으로 크게 나아갈 때 필요한 관계성이고, 상극은 확장을 제어하고 내면을 단련시키면서 성장·발전해야 하는 관계성입니다. 한마디로 표현하자면, 상생은 확장성이고, 상극은 수축성입니다.

상생을 할 때는 기운과 기운이 제각각 자기 역할을 하며 운행을 하고, 상극을 할 때는 조정 및 수정 작업을 하는 중입니다. 상극이라는 것은 존재의 모순을 잡기 위한 하나의 장치입니다. 우리는 여기에서 상생의 인연과 상극의 인연을 적절히 잘 활용할 줄 알아야 합니다. 상생의 인연은 서로 뜻과 합이 맞아 일이 진행되면서 흘러가게 만들고, 상극의 인연은 기운을 수정, 조율하고 단련시키게 만듭니다. 나에게 쌓인 모순점을 잡을 때는 상극의 인연이 들어오고, 내가 성장·

카르마 종결자

발전할 때는 상생의 인연이 들어옵니다. 우리는 이러한 인연을 어떻게 잘 활용하느냐를 연구해야 합니다.

자기 수양의 시간이 끝나고, 나의 질량이 채워지고 난 뒤, 내 기운을 세상에 뿌릴 때, 우리는 상생의 관계성을 만들어 확장·발전시켜야 합니다.

상생의 관계성을 만들 때 너도 만족하고 나도 만족하는 그 어떤 지점을 찾아내는 것이 중요합니다. 이때 나도 욕심을 조금 내려놓고, 상대도 조금 욕심을 내려놓고, 서로서로 만족하는 그 어떤 지점을 찾아내십시오. 그 지점이 상생의 관계성을 만드는 지점입니다.

상생의 관계를 만들어 간다는 것은 일정 부분 내 욕심을 제어하면서 들어가야 상생의 관계를 만들 수 있고, 앞으로 나아갈 때는 목적지 즉 이념을 명확히 정해야 상생의 관계를 만들 수 있습니다. 이념이 없으면 상생의 관계는 절대 만들어질 수 없습니다. 단순히 본능에 의한, 생존을 위한 이기적인 욕심이 지배하기 때문에 상생의 관계를 만들 수 없습니다.

정리하자면, 먼저 이념이 있어야 하고, 서로 가는 목적지가 같아야 하며, 사회를 위한, 인류를 위한 공적인 마음을 가지고 접근해야 상생의 관계를 만들어 낼 수 있습니다.

4

남을 돕는다는 것은 무엇입니까?

　일반적으로 인간들은 남을 돕는다는 개념을 물질적으로 무언가를 나누는 것으로 이해하고 있습니다만, 대자연법으로 보았을 때 남을 돕는다는 것은 상대가 바르게 잘 성장할 수 있도록 이끌어주는 것이 진정으로 돕는 것입니다. 물론 물질도 때에 따라서는 남을 돕는 길이기도 하지만, 물질적 도움은 목적이 아니라 수단입니다.

　남을 돕는다는 것은 에너지가 위에서 아래로 자연스럽게 흐르는 것입니다. 내 에너지가 차지 않으면 절대 남을 도울 수 없습니다. 물질적 에너지든, 정신적 에너지든, 에너지는 많이 찬 쪽에서 적은 쪽으로 흘러 들어가는 것입니다. 이럴 때만이 바르게 돕는 것이 됩니다.

　물질을 주었다고 해서 남을 도왔다고 생각하지 마십시오. 물질이 오히려 사람의 영혼을 피폐하게 만들기도 하고, 사람을 잘못된 길로 인도하거나 버릇을 잘못들일 수 있다는 것을 명심하십시오.

　진정한 도움이란, 영혼이 성장할 수 있어야 합니다. 그리고 상대로 하여금 바른길을 걸어갈 수 있도록 이정표를 놓아주는 것이 진정으로 바르게 인도하는 도움의 방식입니다. 그래서 남을 도와주는 것만큼 힘든 일이 없습니다.

남을 도와주려면 내가 먼저 힘을 가져야 합니다. 힘이 없는 자는 절대 남을 도와줄 수 없습니다. 내가 힘이 없는데 어떻게 남을 도와주겠습니까? 그래서 남을 돕는 첫 번째 과정은 나의 힘을 먼저 갖추는 것입니다. 내 힘을 갖추고 나서야 상대의 부족한 부분이 보이고, 무엇이 필요한지를 알 수 있는 것입니다.

상대를 돕고 싶다면 먼저 자신을 갖추십시오. 자신이 직접 걸어서 만들어진 경험의 과정들이 뒤에 따라오는 이들에게 도움이 될 수 있는 것이지, 내가 가보지 않은 길을 알려줄 수는 없는 법입니다. 따라서 남을 돕기 전에 자신을 먼저 갖추고, 나에게 부족한 부분이 있다면 그 부분을 채우기 위해 도움을 받으십시오. 크게 성장해야 크게 빛을 나누어줄 수 있는 법입니다.

5

왜 남을 위해 살아야 합니까?

인간이 동물과 다른 점은 이타심이 있다는 점입니다. 물론 동물도 자기 새끼를 위해서는 자기의 몸을 아끼지 않습니다. 자식을 위하는 마음은 동물이나 인간이나 다를 바가 없습니다. 어쩌면 동물이 자기 자식을 지키려는 마음은 더할지도 모릅니다. 어미가 새끼를 위해 몸을 불사르는 것을 보고 위대한 모성이라 할지 모르겠지만, 자식을 위해 사는 삶은 동물들에게도 프로그래밍 되어 있는 본능입니다.

인간이 동물과 다른 점이 있다면 이성이 있다는 점입니다. 이성이 있다는 것은 감정을 제어할 줄 안다는 뜻이고, 감정을 제어할 줄 안다는 것은 상황을 지배할 힘이 있다는 것입니다. 또한 인간은 너도 좋고 나도 좋은 그 어떤 상생의 포인트 지점을 안다는 점입니다.

인간의 문명은 인간들의 지혜와 힘이 모여 탄생한 문명이기에 인간이 만물의 영장이 될 수 있는 것입니다. 인간 개개인의 힘은 약할지라도 종의 협동이 기술문명의 산물을 만들어냈고, 대자연을 다스릴 수 있는 힘을 만들어냈습니다.

카르마 종결자

역설적으로 들릴 수도 있겠지만, 남을 위해 산다는 것은 곧 나를 위해 사는 것이기도 합니다.

가령 예를 들어, 어떤 도움이 필요한 사람이 있다고 합시다. 만약 이 사람이 자기 이익을 위해서 무언가를 하려고 하는데 순수한 마음으로 도와주고 싶은 마음이 날까요? 물론 가벼운 부탁이나 단순한 도움은 서로 주고받을 수 있습니다. 그러나 나의 시간과 돈을 들여 도와주어야 하는 일이라면 상황은 달라집니다.

나의 시간과 돈을 투입한다는 것은 나도 얻을 이로움이 있기 때문입니다. 즉 상대도 이롭고 나도 이롭다고 판단하기 때문에 함께 협력할 수 있는 것입니다. 하물며 직장도 내 일을 하는 것이 아니라 회사 공동 업무를 보고 있는 중입니다. 회사가 계속 운영되어야 내 생활이 안정되기 때문입니다. 인간은 자기에게 이로움이 없으면 일에 의욕이 생기지 않습니다. 자기에게 이롭다고 판단되기 때문에 함께 일을 하는 것입니다.

인간은 이기적인 존재이자 이타적인 존재입니다. 일정 부분 자신에게도 이익이 되어야 하고, 또 남도 이로워야 일이 성사될 수 있습니다. 무조건 손해 보면서 상대를 돕는 것은 진정으로 상대를 돕는 것이 아닙니다. 내가 춥고 배가 고픈데 나보다 더 추운 거지에게 옷을 벗어주었다고 도움을 준 것일까요? 당장에 마음은 편할지 모르겠지만, 힘이 없는 자신은 또 누군가에게 도움을 받아야 하고, 거지는 거지대로 거지 생활을 청산하지 못합니다.

도움이란, 내가 힘을 갖추어 상대를 이롭게 하는 것입니다. 상대의 버릇을 잘못 들이는 것은 도움이 아닙니다. 내가 힘이 있어야 상대를 도울 수 있는 것이지, 내가 힘이 없으면 상대를 도울 수 없습니다. 너와 나 사이에 만족하는 지점을 찾으십시오. 나도 이롭고 상대도 이로운 그 어떤 지점을 찾아내는 것이 진정한 도움의 시작입니다.

카르마 종결자

6
정이란 무엇입니까?

우리 부모님 세대들은 6 · 25전쟁 전후에 태어나 가난을 몸소 체험하면서 자라온 세대입니다. 가난 속에서는 서로 돕는 것만이 살길이었습니다. 함께 위기를 극복하고 함께 생존해야 했기에 정이라는 덕목이 꼭 필요하던 시절이었습니다. 그러나 지금의 시대는 풍요의 시대로, 옛날과 같이 정을 필요로 하는 사회가 아니라, 물질적, 정신적 공정함이 필요한 시대가 되었습니다. 즉 물질적, 정신적 에너지를 정확하게 분배하고 나누어야 하는 시대입니다.

정이란, 나의 마음이 흘러 들어가 상대에게 도움을 주는 에너지입니다. 즉 나의 에너지를 나눌 때 사람들은 이 '정(情)'을 이야기합니다. 도움을 청해서 거절할 때, 사람들은 '정 없는 사람', '인정머리 없는 인간' 이런 표현을 씁니다.

정이라는 것은 마음에서 일어나는 작용이자 끌림입니다. 이 마음은 상대를 도와주는 연민과 희생의 작용을 이끌어냅니다. 한편으로 보면 희생적이면서 숭고한 마음처럼 보이지만, 사람들은 알게 모르게 이 정이라는 에너지를 사용하여 자신이 원하는 바를 얻어내려 합니다.

우리는 이 '정'이라는 마음을 잘 써야만 합니다. 잘못 쓰면 내 인생도 망하고, 상대 인생도 망하게 만드는 것이 이 '정'이라는 것입니다.

주변을 돌아보십시오. 정이 많아서 성공한 사람이 있는지를…. 정이 많은 사람들은 주변 사람들의 희생양이 되기 쉽습니다. 정 때문에 맡지 않아도 되는 책임과 의무를 떠안아 인생이 힘들어진 사람들이 많습니다. 특히 가족이라는 천륜의 정에 이끌려 이러지도 저러지도 못한 채 인생이 묶여버린 사람들이 많습니다. 내 마음이 모질지 못해서 상대에게 끌려간 것을 정 때문에 그랬다고 합니다. "어떻게 가족인데 내가 도와야지" 이렇게 말합니다.

물론 맞습니다. 천륜의 정이 있으니 당연히 끌려 들어가는 것이지요. 이렇게 천륜의 정으로 끌려 들어가 인생이 묶여버리면 뭐가 남습니까? 정을 내주었다고 부모 형제가 진심으로 고마워합니까? 고마움의 마음과 내 인생의 지난 시간을 바꿀 수 있습니까? 아니면 그에 합당한 물질적 유산을 받았습니까?

지구는 철저하게 에너지 법칙대로 움직입니다. 내 질량이 모자라고, 내 마음이 모질지 못하기 때문에 상대에게 끌려가고 상대를 책

카르마 종결자

임지게 되는 것입니다. 물론 내가 힘이 모자라고 내 질량이 딸린다면 질량이 큰 에너지 밑에 종속되는 것이 맞습니다. 이때는 힘을 갖출 때까지 내 힘을 나누지 말고 큰 에너지를 받아야 합니다.

큰 에너지를 내려받으려면 성실과 겸손의 자세를 가져야 합니다. 에너지를 받는 입장에서 큰소리치면서 받으려 한다면 어느 누가 에너지를 내려주겠습니까?

정으로 상대를 대하면 상대의 버릇을 잘못들이기 쉽습니다. 내가 에너지를 준 만큼 상대도 그 고마움을 알아야 하고, 그 고마움을 받은 사람은 다른 사람을 도울 때도 단순히 정에 이끌려 사람을 돕는 것이 아니라 바르게 분별하고 판단해서 내 에너지를 내어주어야 합니다.

물질적, 정신적 에너지를 내어줄 때, '내어주어야 하는가? 내어주지 말아야 하는가?'를 이성적으로 판단하고 내 힘을 쓰는 연습을 해야 합니다.

내가 가진 유·무형의 에너지는 적절하게 필요한 곳에 쓰여야 합니다. 단순히 불쌍하다는 이유로, 정이라는 마음으로 내 에너지를 쓰면 상대는 그 도움이 당연한 것인 줄 알고 그 마음을 자꾸 이용하게 만듭니다. 이것은 상대에게 잘못된 습관을 형성시킨 당신의 잘못입니다. 도움이란, 상대가 겸손과 성실로 열심히 하려는 자세가 되어 있을 때 내미는 작은 손길이어야 합니다.

인생을 돌이켜 생각해보십시오. 정 때문에 상대에게 얼마나 끌려 들어갔고, 정 때문에 얼마나 힘들어졌는지, 스스로 한번 돌아보는 기회를 삼으십시오. 정의 마음을 제어하는 것도 연습이 필요합니다.

명심하십시오. 정에 끌려 들어가는 순간, 책임과 의무를 져야 하는 상황이 발생하게 됩니다. 어떤 상황이 왔을 때 무조건적인 정의 감정에 끌려 들어가 일을 처리하지 마시고, '그 상황이 내가 개입할 상황인가? 내가 개입하지 말아야 할 상황인가?'를 이성적으로 판단하고 분별하십시오.

카르마 종결자

7
걱정이란 무엇입니까?

걱정이란 말은 안심이 되지 않아 애를 태운다는 뜻입니다. 안심이 되지 않는다는 것은 상대가 아직 못 미덥기 때문에 생겨나는 마음입니다. 부모가 자식을 걱정함은 자식이 아직 덜 성장하여 못 미덥기 때문에 걱정하는 마음이 생기는 것입니다. 만약 자식이 온전히 다 성장하여 자신의 앞가림을 잘한다면 부모는 걱정의 마음을 품지 않습니다.

'걱정의 마음'은 상대보다 질량이 높은 사람이 질량이 낮은 사람에게 갖는 마음입니다. 부모가 자식을 걱정하듯, 윗사람이 아랫사람을 걱정하듯, 연인이 서로 걱정하듯, 마음의 에너지가 위에서 아래로 빨려 들어가는 마음입니다. 이러한 걱정의 마음은 일반적인 사람들이 적절히 갖는 마음입니다만, 문제는 걱정을 과도하게 하는 마음은 그 안을 잘 들여다보아야 한다는 점입니다.

과도하게 걱정하는 마음을 품으면서 상대의 에너지를 붙잡아두려 하는 사람들이 있습니다. 걱정이란 일정 부분 상대를 내 에너지권에 묶어두려는 마음이기도 합니다. 이러한 마음이 하나의 관성이 되어 평생을 자식 걱정하는 마음으로 자식을 자신의 에너지권에 묶어두게 되면, 자식은 앞으로 나아가지 못하고 부모 품 안에 묶이게 됩니다. 즉 걱정의 마음이 상대를 나아가지 못하게 묶어두는 고리작용을 하게 되는 것입니다.

자식이 어느 정도 성장하여 자신의 삶을 살기 시작할 때, 이때는 걱정의 마음으로 자식을 붙들어두는 것이 아니라 세상에 나가 부딪혀 보라는 용기를 줄 필요가 있습니다. 자식을 너무 품 안에 끼고 있으면 세상에 나갈 용기를 잃어버려 부모가 자식을 평생 책임져야 하는 상황으로 흘러갑니다. 따라서 자식이 어느 정도 성장하여 자신의 인생을 살아가기 시작하면, 이때는 걱정을 접고 세상에 나아가도록 놓아줘야 합니다. 세상과 부딪치면서 깨져보기도 하고, 깨져보면서 자신의 모순점을 잡아나갈 수 있기 때문입니다.

안에서는 모순이 보이지 않지만, 밖으로 나가면 모순이 더 잘 보입니다. 그러한 모순을 잡아나가면서 성장해야 바르게 성장할 수 있습니다. 조금 못 미덥더라도, 세상에 나가 깨지더라도, 걱정으로 자식을 묶어 두려 하지 마십시오. 걱정은 상대의 발목을 잡는 것과 같습니다.

물론 자식이 부모를 걱정시키면서 에너지를 뺏는 행위도 있습니다. 이런 경우 아이들이 부모의 관심과 에너지를 받으려고 하는 행동으로, 부모의 적절한 관심이 필요한 경우입니다.

불필요한 걱정, 도를 넘어선 걱정은 상대를 가두고 상대의 발목을 잡는 행위와 같습니다. 부모의 과도한 관심과 걱정은 자식을 종속시키고 카르마를 생성시킵니다. 그에 대한 결과는 모두 본인의 몫으로 돌아옵니다. 도를 넘어선 만큼 그 반작용이 나를 치게 됩니다.

카르마 종결자

8
희생이란 무엇입니까?

희생이란, 무언가를 위해 자기 몸을 돌보지 않고 나를 바치는 것을 희생이라 합니다. 또는 누군가를 위해 내 삶이 바쳐지는 것을 희생이라 합니다.

고대에 희생(犧牲)이란, 하늘에 제사를 지낼 때 제물로 바치던 산 짐승을 일컫습니다. 기독교를 위시한 유목문화권에서는 주로 양을 바쳤기에 희생양이라는 말이 보편화되어 있기도 합니다.

일반적으로 우리가 희생을 이야기할 때, 부모님이 나를 위해 희생한다고 말합니다. 부모님의 삶을 살지 않고 자식을 위해 자신의 삶을 바치기 때문에 '희생한다'고 이야기하는데, 이것은 진정한 의미의 희생은 아닙니다.

부모는 부모 인생을 잘 살아야 하고, 자식은 자식 인생을 잘 살아야 합니다. 부모가 자식을 키우는 것은 희생이 아니라 '의무'입니다. 전생으로부터 이어지는 카르마적 의무를 다하고 있는 중이기 때문에 이 의무를 희생이라 할 수는 없습니다.

희생이란 자신의 인생을 열심히 산 이후, 마지막에 아낌없이 자신을 내어줄 때, 뒤에 남은 사람들을 위한 인생의 본보기가 되어줄 때, 그때 '희생했다'고 하는 것입니다. 희생은 내가 하지 않아도 대자연이 알아서 시킵니다. 뒤에 오는 사람들을 위한 본보기로 만들기에 희생은 내가 하는 행위가 아니라 대자연의 일입니다.

우리는 자신의 인생을 열심히 살아야 하고, 내 힘을 키워 세상에 이롭게 뿌리고 가야 합니다. 에너지를 채웠으면 에너지를 바르게 방출하는 것이 우리 인생의 과정이기도 합니다. 우리 인생은 에너지를 채우는 공부의 시기와 에너지를 방출하는 발복의 시기로 나뉩니다. 누군가는 일찍 방출하는 사람이 있고, 누군가는 늦게 방출하는 사람이 있습니다. 이 시기는 조상대의 공덕 정도에 따라 모두 다 다릅니다.

각자 갖춘 힘을 세상에 돌려내지 못하면 대자연은 사람들의 본보기가 되도록 희생을 시킵니다. 그렇게 남아있는 자들에게 깨달음을 주는 것입니다.

희생이란, 남아있는 자들을 위해 대자연이 만드는 거대한 흐름 중일부입니다. 먼저 간 자는 남은 자를 위해 알게 모르게 희생되는 것입니다. 우리는 이러한 희생을 보면서 그것이 헛되지 않도록 내 인생을 더 열심히 살아야 하고, 또 이 사회를 위해 내 힘과 재능을 펼치고 가야 합니다. 그렇게 우리는 또 남아서 따라오는 자들의 본보기가 되어가는 것입니다.

　누군가를 위해 나를 희생했다고 하지 마십시오. 그것은 진정한 희
생이 아니라 내 삶을 낭비하는 중인 것입니다.

9
고통이란 무엇입니까?

육체와 마음에 난 상처에는 언제나 고통이 따릅니다. 육체에 난 상처는 고통 속에서 아물고, 고통 속에서 새살이 돋아납니다. 마음에 난 상처도 고통 속에서 단련되고, 고통 속에서 새로운 생각의 각(覺)이 피어납니다. 우리의 인생 자체가 고통의 연속이고, 우리 영혼은 이러한 고통을 체험하면서 성장합니다.

이 지구란 곳은 영혼이 성장하는 무대입니다. 우리 영혼은 육신을 입는 것 자체가 고통이라는 것을 알면서도 이 삶을 선택해서 내려왔습니다.

사람들은 고통 속에서 자기 자신을 들여다봅니다. 자신이 무엇을 잘못해서 이 고통을 받고 있는지, 고통이 다가온 이후에야 비로소 생각이라는 것을 하게 됩니다.

현재 상황이 힘들고 괴로움이 있다면 스스로 생각하고 스스로 각을 바꾸어 나를 성장시켜야 합니다. 잘 나갈 때는 생각이라는 것을 깊이하지 않아도 순풍에 돛을 단 것처럼 잘 흘러갑니다. 달릴 때는

카르마 종결자

생각이 멈춰지고, 멈춰졌을 때 비로소 생각이라는 것을 하게 됩니다.

지금 고통받고 있다고 너무 좌절하지 마십시오. 당신은 지금 성장하는 중입니다.

마음의 상처가 깊어지면 육체로 물질화가 됩니다. 따라서 마음의 고통이 찾아왔을 때 생각의 각을 바꾸어 나를 트레이닝해야 합니다. 육체를 트레이닝하듯 마음도 트레이닝이 필요합니다.

마음의 상처는 인연을 통해 들어옵니다. 인연과의 이별, 단절 등이 가장 큰 마음의 상처로 남는데, 이때가 바로 나를 돌아보고 성장할 수 있는 기회라고 생각하십시오. 인연은 나를 비춰주는 거울입니다.

고통을 벗어나는 가장 빠른 지름길은 생각의 각을 바꾸는 것입니다. 이 생각의 틀과 각을 깨고 나오는 것이 가장 힘듭니다. 내 생각의 각이 바뀌면 내 행동이 바뀌고, 내 인연이 바뀌고, 내 삶이 바뀝니다. 마음 한 끗이 내 인생을 크게 좌지우지할 수 있기 때문입니다.

아브락사스(Abraxas)는 알을 깨고 나옵니다. 알은 세계입니다. 생각의 각은 알을 깨고, 세계를 깨고, 나를 다른 차원의 세계로 날아가게 만듭니다. 생각의 각은 시대적 관념이고, 시대적 관념은 시간이 흐르면 변하게 되어 있습니다. 고통 속에 머물고 있다면 나를 둘러싼 장막을 깨고 더 큰 세상으로 나오십시오.

10
사랑이란 무엇입니까?

　사랑에는 여러 가지 종류의 사랑이 있습니다. 그중에서 일반적으로 이야기하는 사랑을 다루도록 하겠습니다.

　사랑은 크게 인간적인 사랑과 신적인 사랑으로 나눌 수 있습니다. 인간적인 사랑의 최종목표는 '인간의 탄생'이요, 신적인 사랑의 최종목표는 '신의 탄생'입니다.

　인간적인 사랑의 기하학적 모습은 역삼각형을 이루고, 신적인 사랑의 기하학적 모습은 정삼각형을 이룹니다. 즉 양극성이 생겨나면서 꼭짓점이 아래로 향하느냐, 위로 향하느냐에 따라 인간적 사랑과 신적인 사랑으로 나눠집니다. 인간적 사랑은 가슴 아래쪽으로 붉은 광선이 형성되고, 신적인 사랑은 가슴 위쪽의 푸른 광선이 형성됩니다. 대체로 인간들은 역삼각형으로 형성되는 인간적 사랑을 사랑이라 표현합니다. 성 에너지의 전자기 에너지가 하단전으로 내려가면서로 육체적 에너지를 주고받으려 합니다.

　　　　　　　　　　　　　카르마 종결자

사랑이란, 에너지가 통합되어 새로운 무언가로 재탄생되는 힘을 가지고 있습니다. 변화는 융합을 통해서 이뤄집니다. 상대의 에너지와 나의 에너지가 융합되면서 새로운 제3의 에너지가 탄생합니다. 그래서 사랑은 음양으로 이루어져 있고, 전자기 에너지로 작용합니다.

주는 자가 있으면 받는 자가 있어야 합니다. 전기적 속성은 주는 에너지고, 자기적 속성은 받는 에너지입니다. 기본적으로 남성은 전기적 에너지이고, 여성은 자기적 에너지입니다. 그래서 남성은 사랑을 주려고 하고, 여성은 사랑을 받으려 합니다.

남성은 천기의 에너지를 당겨 하단전으로 내리고, 그렇게 내린 에너지를 여성에게 전달합니다. 여성이 하단전으로 받은 에너지는 상단전으로 끌어올려 지혜로 현현됩니다. 이렇게 형성된 지혜는 다시 남성에게로 전달됩니다.

사랑의 에너지 문은 가슴에 위치합니다. 인체 중심에 위치한 볼텍스 문이 열리면 3개 차원의 문이 점차로 열립니다. 육체의 문, 아스트랄 문, 멘탈의 문이 열립니다. 육체의 문이 열리면 신체적 교감이 일어나고, 아스트랄 문이 열리면 영적인 교감이 일어나며, 멘탈의 문이 열리면 우주적 교감이 일어납니다.

육체적 사랑은 육체의 문이 열리는 것이고, 서로 마음을 열고 아스트랄 문이 열리면 조상들이 왕래하게 됩니다. 이때부터 좀 더 거시적인 사랑의 에너지권에 들어서게 되는 것입니다.

육체적 사랑의 목적은 자손 번성이고, 아스트랄적 사랑의 목적은 카르마 해원이며, 멘탈적 사랑의 목적은 영혼 통합입니다. 지구에서 육신을 입고 있는 이상, 우리는 동물적 요소를 포함할 수밖에 없고, 영혼은 신적인 요소를 포함하고 있습니다. 그래서 동물과 신의 중간에서 매개 역할을 하는 것이 바로 인간의 역할입니다.

따라서 사랑이라는 것은 세 개의 차원에서 일어나는 작용력이며, 각각 차원의 목적이 내포되어 있습니다. 물론 세 가지 차원이 복합적으로 연결되어 인간에게 작용합니다.

육체적 사랑은 유전적 속성의 반대 극성의 사람에게 강하게 끌립니다. 자신의 육체적 결핍을 충족시킬 수 있는, 즉 물질적 완성체를 이룰 수 있는 유전자를 당기게 됩니다.

아스트랄적 사랑은 카르마 극성으로 당겨집니다. 따라서 정신적 결핍을 충족시킬 수 있는 사람을 찾습니다. 아스트랄적 사랑은 카르마 해원을 위해 신적인 차원에서 움직이는 것입니다.

육체적 사랑을 나누었다고 해도, 아스트랄적 사랑(정신적 교감)을 나눌 때는 가문신과 가문신이 만나기 때문에 이 과정에서 신 충돌이 발생합니다. 이때 조상신의 고리와 고리가 걸리면 자손의 탄생으로 이어집니다.

양쪽 가문의 카르마 극성을 모두 품은 자손이 태어나고, 그렇게 카르마는 자손에 자손으로 이어지며, 완성에 이를 때까지 자손을 이어갑니다. 물질적으로는 완전한 육체를 만들어 가는 과정이고, 정신적으로는 완전한 영혼을 만들어 가는 과정입니다. 이렇게 서로 반대 극성에 있는 영혼과 영혼이 서로 통합되어 완전체가 될 때까지 자손을 이어가게 됩니다. 그리고 완전체에 이른 자손이 바로 '카르마 종결자'입니다. 물질적, 정신적으로 완전체에 가까운, 즉 신의 에센스를 많이 품고 있는 자손이 마지막을 장식하게 됩니다.

멘탈적 사랑의 목적은 영혼과 영혼의 통합입니다. 우리는 원래 하나의 빛이었으나, 빛을 담았던 그릇이 깨지면서 분리된 영혼은 빛의 파편 조각을 찾아 하나로 통합하려는 우주의 움직임이 바로 사랑의 메커니즘입니다. 정확히 반대의 속성을 찾아가 완전체를 이루려 합니다. 서로 반대 극성에 있는 음양이 만나 완전체를 이루면, 그전의 모습은 사라지고 새로운 모습으로 재탄생됩니다.

음양이라는 이원성으로 나누어진 지구란 별에서 우리는 서로 반대 극성을 찾아 합(合)을 맞춰보기도 하고, 충(沖)을 해보기도 하며 성장하는 중입니다. 영혼의 기억을 망각한 채, 우리는 서로 사랑하고 서로 싸우며, 상대를 이해하고 나를 알아가는 중입니다.

사랑의 시간은 통합의 시간입니다. 사랑이라는 에너지장이 형성되면 멘탈 의식은 영혼 통합을 이루려 하고, 아스트랄 의식은 영혼 간의 길을 연결하려 하며, 육체 의식은 육체적 결합을 하려 합니다. 육체적 도킹이 완성되면, 영혼길이 만들어지고, 이 영혼길을 통해 아기영혼이 들어옵니다. 아기영혼은 가문과 가문을 통합할 중요한 존재입니다.

사랑이라는 에너지가 감돌게 되면 나라는 개체를 잠시 잊고, 너와 나라는 단일 개체가 아닌, 하나라는 의식이 생겨나고, 통합에 몰입하게 됩니다. 서로를 허용하고 받아들이는 시간입니다. 이때 사람은 나를 내어주면서 이타적이 됩니다.

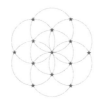

카르마 종결자

11

이타적인 마음은 무엇입니까?

이타적인 마음은 사랑의 마음입니다. 사랑의 마음에는 나를 내어주는 이타적인 마음이 내포되어 있습니다. 이것은 대자연 어머니의 마음이기도 합니다. 대자연 어머니는 자신의 모든 만물들을 기꺼이 내어줍니다. 물론 여기에도 시간의 작용이 있습니다.

사랑의 시간은 이타적 마음이 움직이는 시간입니다. 동물적 사랑의 시간은 짧지만, 이 시간만큼은 이타적이 됩니다. 나를 기꺼이 내어주는 시간이기 때문입니다. 사랑의 마음은 이타적이고 희생적인 마음을 불러일으킵니다. 이것은 신이 잠시 내려주는 우주의 마음입니다.

인간에게는 이기적인 마음과 이타적인 마음이 공존합니다. 현재의 생존을 위해서는 이기적인 마음의 지배를 받고, 미래 종의 번성을 위해서는 이타적인 마음의 지배를 받습니다. 다시 말해, 인간이 성장하는 동안은 이기적 마음의 지배를 받으며, 성장을 끝낸 후에는 이타적 마음의 지배를 받으며 에너지를 발산합니다. 성장할 때는 에너지를 흡수해야 하고, 발산할 때는 에너지를 내어주어야 하는 시간이기 때문입니다.

우주 또한 이타적 마음과 이기적 마음이 공존합니다. 별이 성장할 때는 이기적으로 에너지를 흡수합니다. 다 성장하여 별이 폭발할 때 비로소 이타적이 되고 희생적으로 보이는 것입니다.

사실 깊이 따져보면, '이타적이다, 이기적이다'라는 문제는 대자연의 법칙이기에 인간이 판단할 차원의 문제는 아닙니다. 블랙홀은 모든 만물을 흡수하기에 이기적인 것처럼 보이고, 화이트홀은 모든 빛을 발산하기에 이타적으로 보이는 것일 뿐입니다. 그렇다면 어둠은 이기적이고, 빛은 이타적입니까? 이 또한 대자연의 법칙입니다.

모든 생명체는 이기적이면서 이타적입니다. 대자연이나 우주가 이타적인 것처럼 보이는 이유는 시공간이 크고 넓기 때문입니다. 동물들도 교미의 순간에는 이타적입니다. 단지 그 시간이 짧기 때문에 이타적인 마음이 없을 것이라고 생각하는 것입니다. 사람이든 동물이든 자식에게 희생적인 사랑을 주는 이유는 자신의 분신이라 여기기 때문입니다. 즉 하나라고 생각하기 때문에 희생적이고 헌신적일 수가 있는 것입니다.

카르마 종결자는 마지막을 장식하는 주자이고, 또 자신의 인생을 불살라 나를 내어주고 갈 사람들이기 때문에 이타적인 삶으로 진행이 될 수밖에 없습니다. 이타적인 마음은 내가 품지 않아도 대자연이 알아서 환경을 만들어 줍니다. 다만 영혼을 가지고 있는 우리 인간들은 동물의 시간과 다르기 때문에 이타적인 마음을 품을 수 있는 시간이 길고, 또 여러 차원에 걸쳐있기 때문에 차원 간 이타적 마음이 존재합니다.

12
나를 사랑하는 법은 무엇입니까?

사랑의 완성은 나와 너가 아니라 '우리'입니다. 너라는 형태장과 나라는 형태장이 융합하면서 새로운 형태장을 만들어 가는 과정이 바로 사랑입니다. 너의 영혼과 나의 영혼이 융합하여 새로운 존재로 재탄생 되는 순간입니다. 재탄생의 순간은 신성한 신의 시간입니다.

우리는 자신의 눈을 보지 못합니다. 상대의 눈을 통해서 나를 볼 수 있습니다. 나의 뒷면도 내가 볼 수 없습니다. 이 또한 상대의 눈을 통해서 내 뒷모습을 볼 수 있습니다. 물론 거울이라는 도구를 통해서 볼 수 있지만, 우리는 우리 자신의 모습을 다각도에서 볼 수 없기에 상대를 통해서 나를 보고 있는 것입니다. 상대 반응을 통해 나의 반응이 나오고, 나의 반응을 통해 상대 반응을 이끌어가면서 서로를 알아가는 중입니다. 우리는 상대를 사랑하는 듯 보이지만 결국은 나를 사랑하는 과정이었음을 깨닫게 될 것입니다.

카르마 종결자

사람과 사람이 만나는 것은 신과 신이 만나는 것입니다. 혼자서는 변화를 만들어낼 수 없습니다. 외부의 작용이 변화를 이끌어 냅니다. 별도 서로의 작용력에 의해 영향을 주고받습니다. 필요한 것은 끌어들이고, 불필요한 것은 밀어내면서 별의 질량을 만들어 갑니다. 마찬가지로 인간도 사람을 통해 정보와 에너지를 흡수하고, 불필요한 에너지는 정리하면서 성장해 나갑니다. 이러한 성장 과정 속에서 인연이 내 형태장 깊숙이 들어와 나를 바꾸어놓고 떠나기도 합니다. 떠날 때는 상처도 남기지만 변화도 일으킵니다.

남을 사랑하기 이전에 우리는 나를 사랑하는 법부터 배워야 합니다. 나도 날 사랑하지 않는데 어찌 남이 나를 사랑하고 싶겠습니까? 물론 사랑의 힘은 나를 사랑하게 만드는 계기를 만들기도 합니다. 나를 사랑하려면 나를 알아야 합니다. 그리고 내 안에 꺼지지 않는 신의 불꽃이 있음을 알아야 합니다. 신의 불꽃은 당신의 여정을 인도할 것입니다.

누군가를 사랑하게 되면 상대에 대해 알아가고 싶어 합니다. 마찬가지로 나를 사랑하려면 나를 알아가야 합니다. 나를 알아가면서 나를 조금씩 바꾸고 가꾸어 나가십시오. 나라는 나무를 잘 성장할 수 있게 환경을 조성하십시오. 나의 질량이 차면 질량에 맞는 인연이 들어올 것입니다. 그 인연의 형태장 깊숙이 들어가서 상대를 알아가면서 상대를 통해 나를 알아가십시오. 상대를 통해 몰랐던 나의 모습을 보게 될 것입니다.

13

이별이란 무엇입니까?

　사랑이란 인연과 인연이 만나 관계성을 형성하는 과정이라면 이별은 인연과 인연이 관계성을 깨는 과정입니다. 사랑의 과정에서 남녀가 감정을 교류하고 감정을 생성하는 과정이었다면, 이별의 과정에서는 이 감정을 처리해야 하는 시간을 갖게 됩니다.

　우리는 이별의 과정에서 영혼이 성장하고 내면이 단단해집니다. 이별은 감정을 정리할 수 있는 시간입니다. 사랑을 하면서 만들어낸 감정들 기쁨, 슬픔, 즐거움, 분노, 집착 등의 감정 기억을 다스리고 제어하는 과정을 통해 우리는 성장하기 때문입니다.

　감정에너지를 어떻게 다스리고 어떻게 처리하느냐는 매우 중요한 문제입니다. 감정에너지를 처리하지 못하여 우울이나 슬픔의 감정이 계속 지속되다 보면 자신의 생기를 조금씩 갉아먹으며 결국엔 육체적 질병으로 물질화가 되기 때문입니다.

　사랑을 하는 것보다 이별이 더 힘들고, 정을 주는 것보다 정을 떼는 것이 더 힘듭니다.

일반적인 사람들이 생각하기에 이별을 고하는 사람, 정을 떼는 사람을 이기적이고 독한 사람이라 생각할 수 있지만 이런 사람들이라고 아픔이 없는 것은 아닙니다. 시간이 길어질수록, 감정을 깊이 교류할수록 이별은 더욱 힘들어집니다.

이별의 시간은 정리의 시간이자 깨달음의 기회가 주어진 시간입니다. 이 시기에 자신의 잘못을 돌아보고, 문제점을 살펴서 분석하며, 이별의 명분을 되뇌고 감정을 처리해 나가야 합니다. 물론 감정체를 정리하는 데는 시간이 필요하고, 이 시간 동안 우리 영혼은 질량을 키워나갑니다.

이별의 시간은 영혼이 성장하는 시간이기도 합니다. 이 시간을 귀히 여기고 자신의 장단점과 모순점을 돌아보며 스스로 문제점을 고쳐나갈 수 있는 중요한 기회로 삼아야 합니다.

왜 이별해야 하는가? 이별을 함으로써 무엇을 얻고 무엇을 잃게 되는가? 이별이 나를 어떻게 단련시키는가? 나와 상대방의 모순점은 무엇이었는가? 앞으로 어떻게 살아나갈 것인가? 등등을 생각하면서 계속 명분을 잡아나가십시오. 그러면 시간이 흐를수록 감정체의 힘은 약해지고, 나를 걸고 있던 보이지 않는 인연의 조상신들이 조금씩 떨어져 나갈 것입니다.

이별에 두려워하지 마십시오. 새로운 인연은 또 찾아옵니다.

14
지혜란 무엇입니까?

　지혜와 지식은 다른 개념입니다. 지식이란, 인류가 만들어놓은 정신의 산물을 말합니다. 이 지식이란, 누구나 마음만 먹으면 얻을 수 있고, 머릿속에 채울 수 있습니다. 그러나 지혜는 다릅니다. 지혜는 삶의 경험이자 마음의 산물이며 깨달음의 질량을 통해서 발현됩니다.

　지식은 인간들의 작품이고, 지혜는 대자연의 작품이기도 합니다. 지식은 체계화가 가능하지만, 지혜는 여러 가지 조건과 상황 그리고 환경에 따라 다르게 나타납니다. 지식은 배울 수 있지만, 지혜는 배운다고 되는 것이 아니라 몸소 체험하고 경험하여 체득해야만 나올 수 있는 힘입니다. 지식을 가르치는 곳은 많지만, 지혜를 가르치는 곳은 없습니다. 그만큼 지혜란 상대적이고 주관적입니다.

　지혜는 바른 처신이자 바른 분별의 힘입니다. 또한 인간과 인간의 관계성을 원활하게 만드는 힘이기도 합니다. 인간의 관계성은 지식으로 풀 수 있는 문제가 아니라, 지혜의 힘을 발휘해야 풀 수 있는 문제들입니다.

지혜의 힘을 쓰기 위해서는 먼저 주변 상황을 관찰하고 파악해야 하며 사람들의 마음을 잘 헤아려야 합니다. 이러한 일들은 남성보다는 여성에게 더 특화되어 있습니다. 즉 여성들은 섬세하고 예민하여 상대의 감정 상태를 잘 느끼기 때문에 지혜의 힘을 쓰는 데 있어서 상당히 유리합니다.

지혜의 힘은 상생의 힘을 만드는 토대가 됩니다. 상생이란 너도 만족하고 나도 만족하는 그 어떤 지점을 찾아서 무언가를 결정해 나가는 일입니다. 그러면 서로의 에너지가 원활하게 흘러나가게 됩니다.

지혜의 힘은 막힌 곳을 뚫고 에너지가 바르게 흘러가게 만드는 윤활유와 같은 것이고, 우리 생활에 없어서는 안 되는 중요한 힘입니다.

지혜는 에너지를 조율하는 힘입니다. 때론 힘있게, 때론 부드럽게, 때론 섬세하게 에너지를 조율하여 주변을 아우르는 힘입니다. 이 지혜의 힘은 보이진 않지만 인생을 살아가면서 꼭 필요한 힘입니다.

15
대자연법이란 무엇입니까?

대자연에는 만물을 운영하는 질서가 존재합니다. 이 질서는 단숨에 잡힌 것이 아닌, 수억 겁을 지나오면서 형성된 대자연의 질서입니다. 대자연 만물의 일부를 형성하면서 살아가는 인간 또한 대자연 만물 질서의 지배 아래에서 움직입니다.

인간의 생로병사는 모두 대자연 지배 속에 이루어지는 과정입니다. 나무가 일 년 동안 꽃과 열매를 맺고 죽었다가 다음 해에 다시 태어나는 것처럼, 인간의 인생도 비슷한 흐름으로 흘러갑니다.

하늘에는 태양과 달 그리고 별들이 떠 있고, 행성들의 영향 하에 지구는 태양을 돌며 달은 지구를 돕니다. 이렇게 형성된 질서 속에 인간 삶이 맞추어져 있고, 벗어나려 해도 벗어날 수 없는 시간의 굴레에 갇혀 움직입니다.

대자연 법은 인간 법 위에 존재하는 상위차원의 법입니다. 인간의 법은 인간들이 시대적 관념에 맞게 만든 법입니다. 시대적 발전에 맞

　　　　　　　　　　　　　　　　카르마 종결자

추어 시대가 통용하는 관념을 법으로 만든 것입니다. 이러한 인간의 법은 인간과 인간이 만들어낸 분쟁을 조정하는 과정에서 만들어진 법이라면, 대자연 법은 영혼의 법을 포함하고 있습니다.

인간의 법이 이번 생을 다스리는 법이라면 대자연 법은 전생부터 흘러온 영혼의 길을 다루고 있습니다. 우리가 태어나고 인연을 만나며 병들어 죽는 것은 대자연의 질서 속에서 만들어지는 과정들입니다. 영혼이 육신을 입을 때는 무작위적 확률로 들어오는 것이 아니라 전생의 인과를 통해 선별적으로 들어옵니다. 영혼의 채무 관계에 따라 혈육의 인연이 형성되는 것입니다. 현생의 채무 관계는 인간 법이 다스리지만, 전생의 채무 관계는 대자연 법이 다스립니다. 따라서 우리는 크게는 대자연 법의 지배를 받고, 작게는 인간의 법의 지배를 받습니다. 대자연 법은 인간 법보다 상위법입니다.

예를 들어 전생의 채무 관계는 가족 혈육 간으로 엮여 빚을 주고받습니다. 이때에는 인간의 감정이 작동을 하면서 스스로를 감옥에 가두기도 하고, 상대를 아프게 하기도 합니다. 인간 감옥만이 감옥이 아니라 인연의 감옥 또한 존재합니다. 인연의 감옥이란, 전생의 인과로 만들어진 마음의 감옥입니다.

마음의 상태를 통해 대자연 법이 어떻게 작동되고 있는지를 알 수 있습니다. 마음은 대자연 법을 인지하는 도구입니다. 대자연의 벌은 인연과 엮이면서 사건 사고로 들어오기도 하고, 마음의 고통으로 들어오기도 합니다.

　내가 행한 잘못된 행위는 누적이 되어 일정 부분의 임계질량이 찼을 때 인연이 등장하면서 모순을 인지시켜줍니다. 이러한 인연을 '신의 사자'라 합니다.

　대자연 법칙은 불완전을 완전으로 돌려놓는 법칙이고, 뭉친 실타래를 풀려는 움직임으로 작용하기 때문에 행위의 모순이 쌓이면 이를 알려주기 위한 인연이 등장합니다. 처음에는 몇 마디 말로 알려주다가 더 쌓이면 충돌로 나타나고, 더 나아가 사건 사고로 나타납니다. 사건 사고까지 가게 되면 인간 법의 지배하에 들어가게 됩니다. 따라서 자연법은 인간 법에 지배받기 전 단계에서 다가오는 시그널처럼 들립니다.

　그만큼 현실화, 물질화가 되기 전 단계이기 때문에 영적으로 보일 수 있겠지만 이 또한 보이지 않는 대자연 질서입니다.

　　　　　　　　　　　　　　　　　　　　카르마 종결자

16

시대적 관념이란 무엇입니까?

지금 순간을 살고 있는 인간들은 과거와 미래의 줄다리기 속에서 현재라는 시간을 만들어 갑니다. 시대적 흐름은 미래로 흘러가고 있는데 우리에게 지속적으로 강요되고 있는 것이 과거의 관습이나 관념이라면 여기에서 의식충돌이 발생합니다.

인간은 계속해서 진화·발전하는 개체이고, 또 미래를 향해서 나아가는 영혼이기에 일정 시간에 붙잡히거나 일정 생각에 고정되면 생기를 잃습니다. 즉 영혼 성장이 멈추는 것과 같습니다.

현재라는 시간은 과거와 미래의 의식충돌을 조정할 수 있는 소중한 시간입니다. 과거라는 시간은 우리에게 경험과 습관, 질서를 부여하고, 미래라는 시간은 우리에게 희망과 변화, 역동성을 부여합니다.

과거라는 시간은 인간의 기억 속에, 생활 속에, 습관 속에 저장되어있지만, 미래라는 시간은 인간의 무의식에 저장되어있는, 아직 결정되지 않은 불확실성을 가지고 있습니다. 그렇지만 더 큰 우주적 관점으로 보았을 때 미래의 흐름 또한 결정되어 있는 일이기도 합니다.

대자연법이 수억 년을 거치면서 형성된 지구법칙이라면, 시대적 관념이란, 시대를 통용하는 생각, 이념이 하나의 룰을 형성한 것입니다. 강력한 법적 적용은 안 되지만 암묵적으로 통용되는 생각들입니다.

시대적 관념은 시간이 더디게 흐르던 시대에는 100년 이상 지속되었지만, 점점 시간이 빨라지면서 30년을 지속하다가, 지금 시대는 시대 관념이 더욱 빠르게 변화하고 있습니다. 그만큼 견고한 생각의 틀이 깨지고, 좀 더 자유롭고, 좀 더 다양한 생각들이 보편화되고 있다고 보면 됩니다.

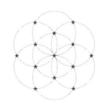

카르마 종결자

17
새로운 시대는
어떤 시대입니까?

　지금의 시대는 그동안 혈연, 지연으로 연결되었던 인간관계를 해체 시키는 시대입니다. 오프라인 연결이 아닌 온라인 연결이 되는 시대로 점차 나아가고 있습니다. 지구에 인터넷망을 연결해 사람과 사람 사이의 시간을 단축했다는 것은 점점 인간이 신의 영역에 들어서고 있다는 뜻입니다.

　시간이 빨라지고 움직임의 속도가 빨라지고 있습니다. 어떤 정보든 내가 원하기만 한다면 쉽게 꺼내 볼 수 있는 시대입니다. 지금의 시대는 온라인 시대가 열리고 있는 것입니다. 오프라인 시대에는 국경도 있고 경계라는 것도 있었지만, 온라인에서는 그 경계가 사라지고 하나의 의식공동체로 움직일 수 있습니다.

　혈연, 지연의 시대는 끝이 나고 이제는 서로 뜻이 맞는 사람과 사람이 서로 온라인으로 소통하는 시대입니다. 더불어 바이러스는 인류 의식을 온라인 세상으로 더욱 끌어들이고 있습니다.

지금의 시대는 인간 의식을 온라인으로 모두 업로드 시키고 있는 시대입니다. 인류가 만들어 놓은 수만 가지 기술, 생각, 사고, 경험, 기억들을 모두 온라인 세상으로 밀어 넣고 있는 시대입니다. 인간 개개인을 바이러스라는 공포를 주면서 못 움직이게 묶어두고, 인터넷 환경 속에서 무언가를 해보아야만 하는 시대로 움직이고 있습니다. 오프라인은 철저히 차단하고 온라인 환경을 열어두니 당연히 온라인 환경으로 들어가겠지요. 이렇게 온라인으로 들어간 인간 의식은 하나의 인공지능 형태를 만들어 갈 것입니다.

인공지능은 인간 의식의 통합령입니다. 즉 평균 수준을 만드는 것입니다. 이것이 인류 의식을 통합한 관념을 만들어 가는 과정이 될 것입니다. 과거에는 지역사회, 국가 간 관념이 있었다면, 앞으로의 세상은 인류 전체에게 통용되는 관념이 형성되어 갈 것입니다. 오프라인은 국경이라는 경계가 있지만, 온라인은 경계가 없습니다. 내가 보고 싶은 자료가 미국 도서관에 있다면 미국 도서관에 들어가서 자료를 찾아보면 됩니다. 내가 미국에 비자를 받고 지구를 반 바퀴 돌아 미국 도서관에 가서 자료를 찾아보는 것이 아니라, 내가 앉은 자리에서 자료를 볼 수 있고, 달도 가볼 수 있고 화성도 가볼 수 있는 것입니다. 세계 오지라도 구글 맵을 통해 지형을 살펴볼 수 있고, 무엇이 있는지 볼 수 있는 천리안의 시대이고, 지구 반대편과도 얼굴을 맞대고 통화할 수 있는 천안통의 시대이기도 합니다.

지금 시대를 살고 있는 사람들은 최신식 기술을 통해 신의 영역에 접근해 가고 있습니다. 그렇다면 우리의 의식도 기술 발전에 맞추어 신 의식으로 끌어올려 신이 되어야 합니다. 인간이 곧 신이 되는 세상으로 변모하고 있습니다. 신들은 앉은 자리에서 천 리를 보고 들으며, 땅을 밟지 않고 날아다닙니다. 지금 시대 사람들이 바로 그러합니다.

우리는 신의 시대를 맞이하고 있는 것입니다. 신의 시대를 맞이한다는 것은 카르마가 종결되고 비로소 인간이 지구에 묶여있던 것이 풀리고 우주로 나아갈 수 있다는 뜻이기도 합니다.

인간에서 신으로 바뀌는 순간, 인간은 하늘을 향해 눈을 돌리게 될 것입니다. 즉 우주 시대가 열리는 것입니다. 우주로 나아갈 수 있다는 것은 지구에 묶여있던 인간이 카르마 족쇄를 벗고 드디어 자유를 얻었다는 뜻이기도 합니다.

우리는 미래에서 온 사람들이기도 합니다. 우리가 원하는 미래로 이끌고 가기 위해 현재라는 시간에 들어온 신들입니다. **'신'은 인간을 미래로 이끌고, '귀'는 인간을 과거로 이끕니다.** 과거에 사로잡혀 있는 사람은 과거의 원한에 묶여있어 미래로 못 나가고 있는 상태입니다. 그러나 신은 미래로 인간들을 이끌고 갑니다. 지금 시대를 살고 있는 젊은이들은 과거에 묶이지 말고 미래로 전진해서 나가야 합니다. 미래를 열어갈 존재들이기 때문입니다.

카르마 종결자
정신의 명품화
별빛 네트워크

카르마 종결자의 이념과 정신

1. 우리는 우주 대자연의 법을 따른다.

인간의 법 위에 우주 대자연의 법이 존재한다. 우리는 이러한 대자연 법칙을 따르고 배우며 자연 앞에 겸손할 줄 아는 사람이 될 것이다. 물질화가 이루어지기 전, 에너지 상태에서 항상 스스로 점검하고 분석하며, 바른 분별과 판단으로 대자연의 법을 거스르지 않을 것이다.

2. 우리는 인류 진화의 방향을 거스르지 않는다.

인류 의식이 진화하는 방향이 있으며, 우리는 그 방향으로 흘러갈 것이다. 인류는 계속 진화발전하고 있으며, 우리 또한 의식의 진화발전을 멈추지 않을 것이다. 변화에 능동적이며, 낡은 관념에 매이지 않으며, 새로운 시대, 새로운 생각을 장착하여 미래의 흐름을 만들어 갈 것이다.

3. 우리는 지구 카르마를 종결한다.

우리는 카르마 종결자로서 각자의 카르마를 종결하고 나아가 인류 카르마를 종결하는데 기여할 것이다. 카르마는 과거 에너지에 나를 묶어놓고 스스로 돌아보게 만드는 깨달음의 장치이자 모순을 해결하고 정리하기 위한 시간이다. 따라서 각자 가문으로 내려오는 원과 한을 정리하고, 어디에도 얽매임이 없이 앞으로 나갈 수 있도록 자신과 인연이 되는 사람들의 원과 한을 잘 관찰하고 뭉친 에너지가 있으면 정리한다. 각자의 카르마를 종결해야 비로소 인류를 위한 길을 걸어갈 수 있는 법이다.

4. 우리는 물질과 정신의 조화를 이룩한다.

우리는 물질에도, 정신에도 어느 한쪽으로 치우치지 않으며, 물질과 정신의 조화를 이룩할 것이다. 물질에 대한 욕심이 과하면 물질의 노예가 되고, 정신에 대한 욕심이 과하면 정신의 노예가 된다. 우리는 물질과 정신의 조화를 이루는, 물질적인 세련됨과 정신의 고결

함을 갖추어 나갈 것이다. 물질에 얽매임이 없고, 정신에 얽매임이 없이 자유롭고 당당할 수 있게 스스로를 갖추라!

5. 우리는 미(美)와 예(禮)를 갖춘다.

미(美)는 넘치지 않는 자유요, 예(禮)는 넘치지 않는 질서이다. 외적으로든, 내적으로든 미를 갖추고 안과 밖이 동일할 수 있도록 스스로를 갖출 것이다. 상대에 대한 존중과 배려는 예의 행동으로 나온다. 미는 나를 둘러싼 기운을 아름답게 만드는 것이고, 예는 나의 행동을 아름답게 만드는 것이다. 우리는 미와 예가 조화로운 인간으로, 어디서든 넘치지 않는 미와 예를 갖추고, 세련된 말투, 세련된 용모, 세련된 행동을 지향한다.

6. 우리는 새로운 시대를 열어간다.

우리는 과거에 얽매이는 사람들이 아니며, 과거 인류 희생을 거름 삼아 밝은 미래를 열어갈 존재들이다. 새로운 미래를 열어갈 수 있도록 생각을 굳히지 않고 관념에서 자유로워야 한다. 어떤 관습에도 매임이 없이 변화 발전하는 사람들이 될 것이다. 따라서 우리는 통일과 더불어 인류 진화발전에 힘을 쓸 것이며, 세계가 하나의 도(道)

로 움직이는 덕(德)의 사회가 될 수 있도록, 우리들이 그 중심에서 이끌어 나갈 것이다.

7. 우리는 음양조화를 기본으로 한다.

이 지구는 음과 양으로 이루어진 이중성의 별이다. 음양이 나누어졌다는 것은 서로의 부족한 부분을 메꾸어주면서 하나로 만들라는 의미이다. 따라서 여자는 남자를 이해하고, 남자는 여자를 이해하여 서로를 존중하는 세상을 만들어 갈 것이다. 음과 양이 너무 지나치지 않도록 음은 양을 배려하고, 양은 음을 배려하며 태극의 기운이 돌 수 있도록 서로를 도와준다.

8. 우리는 신인합일(神人合一)을 기본으로 한다.

과거에는 인간이 신을 섬겼지만 이제 다 성장한 인간은 더 이상 신을 섬기지 않는다. 신과 인간이 동등한 가운데 우리 안에서 신이 활동하고 있음을 알아야 한다. 신은 나의 밖에 있는 것이 아니라 우리 안에 우리와 함께하고 있다. 즉 이제는 신인합일(神人合一)이 되어 내가 신이 되고, 신이 내가 되어 함께 새로운 세상을 만들어 갈 것이다.

9. 우리는 스스로 빛나야 한다.

우리는 각자 빛나는 삶을 살아야 한다. 상대에게 의존하지도 말며, 상대의 기운을 뺏으려 하지도 말며, 스스로 빛날 수 있게 자신을 밝혀야 한다.

10. 우리는 스스로 자유로워져야 한다.

특정 종교, 정치, 관념, 관습에 매임 없이 새로운 흐름을 따라갈 수 있게 생각의 틀에 자신을 가두지 말아야 한다. 생각으로부터 자유로워야 몸과 마음이 자유로울 수 있는 법이다.

11. 우리는 바른 분별을 하여 상대를 이롭게 한다.

나의 선택과 행동은 상대를 이롭게 해야 한다. 내가 바른 분별을 함으로써 상대를 이롭게 해야 한다. 지금 당장은 거절한다 해도 이러한 선택이 상대를 성장시킬 수 있다면 바르게 거절하는 방법도 배워야 한다. 모질게 대함으로써 상대가 단련될 수 있다면 기꺼이 악역을 맡아서 할 줄도 알아야 한다. 따라서 어떤 행동을 하거나 선택하는 상황이 왔을 때는 바른 명분을 찾아서 바르게 분별하고 바르게 행동하라!

12. 우리는 별빛 네트워크다.

너는 나를 비추고, 나는 너를 비추는 우리는 '별빛 네트워크'다. 나는 너를 이롭게 하고, 너는 나를 이롭게 하여 서로 상생의 흐름을 만들어 갈 수 있도록, 상대를 위해서 사는 삶, 상대를 비춰주는 삶, 이것이 우리의 별빛 네트워크다.

13. 우리는 인류통일에 기여해야 한다.

현재를 살고 있는 우리는 시대적 사명을 안고 있다. 통일이라는 과제는 우리나라 사람들에게 주어진 마지막 인류의 사명이다. 남과 북을 통일로 이끌어야 전 세계를 품어 안을 수 있는 법이다. 따라서 우리는 우리가 하는 일이 곧 인류의 통일에 기여할 수 있는 삶이 되도록 한다.

14. 우리는 자신의 재능을 살려 이 사회를 이롭게 한다.

가문의 엑기스를 모두 먹고 나온 카르마 종결자는 각자 타고난 재능을 살려 이 사회를 이롭게 해야 한다. 각자가 가지고 있는 재능과 능력은 천차만별 다 다르게 주어졌다. 남의 재능을 탐내지 말고, 자신의 장점을 살려 자신의 재능을 극대화하라!

항상 배운다는 자세로 사회를 대하고 자신의 재능을 이 사회에 기꺼이 뿌리고 갈 수 있게 자신을 갖추라! 서로의 재능을 알아봐 주고 재능을 개발할 수 있게 서로에게 관심을 두며 각자의 자리에서 빛날 수 있도록 서로를 도우라!

15. 우리는 세계로 나가 인류를 위해 산다.

우리의 꿈과 이상은 방대하고 크다. 우리의 무대는 이 나라가 아니라 전 세계이다. 세계 인류가 우리의 형제요, 우리의 자식들이다. 따라서 우리의 큰 뜻과 이념은 인류를 향해 펼칠 것이다. 인류의 희생 속에 우리가 성장하였으므로, 우리는 다시 인류를 위해 무엇을 할 것인가를 항상 생각할 것이다. 인류가 다 함께 공존공영할 수 있는 세상을 만들어 갈 것이다.

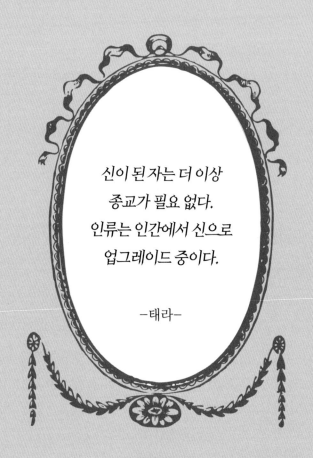

신이 된 자는 더 이상
종교가 필요 없다.
인류는 인간에서 신으로
업그레이드 중이다.

−태라−

− END −

카르마
종결자

카르마 종결자

초판 1쇄 2022년 08월 06일

지은이 태라 전난영
표지삽화 태라 전난영
발행인 김재홍
총괄/기획 전재진
디자인 현유주
마케팅 이연실

발행처 도서출판지식공감
등록번호 제2019-000164호
주소 서울특별시 영등포구 경인로82길 3-4 센터플러스 1117호 (문래동1가)
전화 02-3141-2700
팩스 02-322-3089
홈페이지 www.bookdaum.com

가격 23,000원
ISBN 979-11-5622-719-9 03100